대한민국 스포츠에 대한 첫 비평서

대한민국 스포츠의 숨기고 싶은 이야기

변호사 · 칼럼니스트 장 달 영 저

fides 도서출판

책머리에 [PREFACE]

스포츠에 관심이 있는 사람이라면 매일 미디어 매체를 통해 스포츠 경기 결과나 관련 사건 사고에 대한 뉴스를 접한다. 좀 더 스포츠 관람에 적극적인 사람은 자신이 좋아하는 팀이나 선수의 경기를 보기 위해 경기장을 찾는다. 방송과 신문은 뉴스에서 스포츠라는 별도의 섹션 · 코너를 마련하여 매일 새로운 스포츠 뉴스를 생산해 내고 있다. 스포츠가 관람스포츠로서 개인적 영역을 넘어 사회적 · 문화적 의미를 가지고 그 역할을 한다는 것이다. 올림픽이나 축구월드컵과 같은 국제 스포츠경기에서 우리는 선수뿐 아니라 관중 · 시청자들에게서 내셔널리즘이 투영된 모습을 볼 수 있다. 이러한 현상은 스포츠가 단순히 유희로서의 수단이 아니라는 것을 말해준다.

한편 스포츠도 자체적으로 적지 않은 모순과 왜곡의 요소를 가지고 있다. 도핑, 승부조작 등 예전부터 내려온 스포츠의 고질(痼疾)은 불치의 병이 되었고, 현대에 들어와서는 교육, 정치, 경제, 문화 등 다른 영역과의 관련성에서 여러 문제를 낳고 있다. 우리가 미디어 매체를 통해 자주 접하는 뉴스에서 스포츠와 관련한 사건 · 사고의 내부분은 스포츠만의 문제로 볼 수 없는 현상을 보여주고 있다.

그런데 문제는 우리 사회는 우리가 그러한 스포츠 관련 사건·사고를 이해하고 반응하는데 있어서 오류의 늪에 빠질 수 있는 허점을 안고 있다는 것이다. 스포츠에는 나름대로 전문 미디어 매체와 전문가가 적지 않게 존재하고 있다. 우리는 그 미디어와 전문가의 쏟아내는 의견 속에서 스포츠 관련 사건·사고를 바라본다. 물론 미디어와 전문가가 보내는 이미지에 구속되지 않고 나름 독자적으로 판단하려는 사람도 존재한다. 다만 그 사건·사고의 본질에 다가설 수 있는 정보획득의 어려움 때문에 스포츠 이슈에 대한 심각한 고민에도 한계가 있을 수 밖에 없다. 이에 더하여 매일 쏟아지는 스포츠 뉴스의 방대한 양과 새로운 이슈의 등장은 우리로 하여금 스포츠 이슈에 대한 진지한 접근을 어렵게 한다.

이러한 사회적·문화적 환경에서 스포츠 이슈나 관련 사건·사고를 접하는 우리의 태도는 점점 수동적이거나 방관적으로 돼가고 있다. 매스미디어나 소셜미디어가 알려준 내용이 진실이라고 믿고 일부에서 얘기하는 것이 사실인 것으로 생각하기도 한다. 사는게 바쁜 탓에 미디어가 알려주지 않는 스포츠 관련 뉴스나 문제에 대해선 그 내용을 제대로 알아볼 엄두조차 내기 어렵다.

중학교 때까지 운동선수(육상)였고 개인적으로 스포츠에 관심이 많은 탓에 변호사로서 직업활동을 하면서부터 지금까지 스포츠 분야에서 나름 적지 않은 활동을 해왔다. 김연아, 박태환, 장미란 등 대한민국을 대표하는 선수들의 에이전트로 활동한 적이 있는 등 스포츠마케팅 분야에서 일을 하고 있고, 스포츠 정책 및 법 영역에서 나름 공부를 하고 있고 대학과 대학원에서 강의를 하고 있다. 정부나 사회의 스포츠 관련 여러 조직이나 기관에서 활동을 하고 있다. 이러한 경험과 배경이 나로 하여금 우리 스포츠에 대한 진지한 고민과 접근을 가능케 했다.

이 책은 그러한 개인적 경험 속에서 수년 전부터 집필하고 있는 칼럼을 미디어, 인권, 정치, 윤리, 마케팅 등 주제별로 정리하고 보정한 글을 엮은 것이다. 지금까지 우리가 알고 있는 여러 스포츠 이슈나 사건·사고의 내용과 다를 수 있다. 전혀 반대의 이야기일 수 있다. 또 전혀 접해보지 못했거나 알지 못했던 이슈나 주제의 이야기일 수 있다. 그러나 분명한 것은 어떠한 이해관계에도 얽매이지 않고 객관적이고 중립적인 시각에서 바라본 비평이다. 문제의 본질을 알리고자 했고, 이슈의 핵심을 파헤치려고 했다.

이 책이 독자에게 이 책에서 거론한 스포츠에 관한 이슈나 사건·사고에 대한 새로운 관점을 제공하고 새로운 시각에서 문제의 본질을 바라볼 기회를 주기를 바란다.

마지막으로 항상 나를 응원해주는 가족에게 이 책의 서문을 통해 고마움을 전한다.

2016년 7월
정 할 영

차 례 [CONTENTS]

제3장 | 스포츠와 정치

제4장 | 스포츠와 마케팅(스포츠마케팅)

제 1 장

스포츠와 미디어 (스포츠저널리즘)

스포츠저널리즘(sports journalism)이란
매스미디어(mas media)를 통해
스포츠경기 결과나 이슈·사건에 관한 정보를
보도하고 논평하는 활동을 말한다.

제 1 장
프롤로그

사회적 이슈 사건이 생기면 의도적이든 아니든 국민의 감정을 자극하는 내용을 내보내거나 속보 경쟁에 치우쳐 오보에 둔감한 언론의 보도행태가 저널리즘의 문제로 대두된다. 그러한 문제는 특히 연예나 스포츠저널리즘에서 자주 발견된다. 지나치게 국민의 감정을 자극하는 스포츠저널리즘은 불필요한 국민적 감정을 촉발하고 오보는 스포츠저널리즘의 신뢰를 떨어트린다.

스포츠와 매스미디어는 '공생관계'이다. 스포츠는 미디어에 대회와 경기의 콘텐츠를 제공하고 미디어는 콘텐츠를 재생산한다. 대회와 경기의 콘텐츠는 미디어를 통해서 상품화가 되고 교환가치가 증대되어 수익을 올리고 미디어는 콘텐츠 중계를 매개로 광고를 유치하여 수익을 올린다. 공생관계에 기인하여 스포츠저널리즘도 점점 사회에서 차지하는 역할과 비중이 확대되고 있다. 오늘날 대부분의 온·오프라인 신문 매체는 스포츠에 관한 별도의 섹션을 운영하고 있고, TV·라디오의 방송 매체도 스포츠뉴스 코너를 만들어 스포츠 보도에 관한 시간을 할애하고 있다.

미디어와 스포츠의 상호 의존성을 바탕으로 국내 프로야구, 프로축구 등 프로스포츠의 출범과 올림픽, 월드컵축구 등 국제대회의 활발한 참가는 스포츠저널리즘의 발전을 가져왔고 스포츠저널리즘의 발전은 스포츠에 대한 대중의 관심을 유발하고 증폭시켰다. 스포츠저널리즘이 스포츠 문화·산업의 발전에 기여했다는 것은 사실이다.

그런데 인터넷의 등장과 온라인·모바일 미디어 시대로의 변화는 스포츠저널리즘의 변화를 가져왔다. 지면의 오프라인 시장은 쪼그라들고 온라인과 모바일 시장은 확대되었다. 대중의 스포츠에 대한 관심도 증폭되어 지속적으로 화제와 이슈가 필요했다. 이러한 환경의 변화는 스포츠저널리즘의 보도행태에도 변화를 몰고 왔다. 전문화·다양성이라는 긍정적이고 발전전인 모습도 보이지만 부정적인 모습도 보인다. 어떠한 부정적 모습이 있는지 실제 사례를 통해 알아보자.

1

'정몽준 징계' 언론보도, 팔은 안으로 굽었다.

2015년 10월 10일경이다. 국내 거의 모든 언론들은 국제축구연맹(FIFA) 윤리위원회(Ethics Committee)가 정몽준 대한축구협회 명예회장에게 내린 6년의 자격정지(ban on taking part in any football-related activity)와 10만 스위스프랑(CHF)의 제재금(fine) 징계와 관련한 보도와 논평을 실었다. 정몽준 회장 징계와 관련한 대부분의 언론 보도와 논평의 내용은 징계가 부당하고 편파적이라는 것이었다.

특히 유력 일간지 모두는 보도기사는 물론이고 '사설'이나 '칼럼'을 통해 징계는 부도덕하고 부패한 FIFA가 정몽준 회장이 2016년 2월 예정인 FIFA 차기 회장선거 입후보를 준비하면서 당시 회장 '제프 블라터'와 경쟁자인 유럽축구연맹 UEFA 회장 '미셸 플라티니'를 비난한 것에 대한 보복성이라고 단정했다. 금품수수 의혹으로 FIFA 회장직 사의를 표명한 블라터 회장과 블라터 회장으로부터 200만 스위스프랑을 받은 혐의로 스위스 검찰 조사를 받고 있는 플라티니 회장에게 자격정지 90일 처분을 내렸다며 공정하지 못한 징계라고도 했다. 블라터 회장과 플라티니 회장이 자신들이 살기 위해 정몽준 징계를 꾸몄다는 '음모론'도 소개했다.

이러한 언론 보도와 논평을 접한 적지 않은 국민들은 인터넷 기사 댓글이나 SNS에서 FIFA를 비난하고 FIFA를 해체하라고까지 했다. 심지어 블라터 회장과 플라티니 회장을 원색적으로 비난하기도 했다. 정몽준 회장과 FIFA의 대립이 대한민국과 FIFA의 대립으로 될 판이었다.

그런데 그 이후에 벌어진 일들은 위와 같은 정몽준 징계 사건을 바라본 국내 언론의 보도가 섣부르고 감정적이었음을 보여줬다. FIFA 윤리위원회는 2015년 12월 21일 블라터 회장과 플라티니 회장에 대해 각각 8년간의 자격정지 징계를 내렸고, 블라터 회장에게 5만 스위스프랑, 플라티니 회장에게는 8만 스위스프랑의 제재금도 부과했다. 플라티니 회장은 자격정지 징계로 인해 2016년 2월 열렸던 FIFA 회장선거에 입후보도 하지 못했다. 정몽준 회장에 대한 FIFA의 징계가 부당하고 편파적이었음을 입증하는 어떠한 객관적 증거도 나타나지 않았다.

'정몽준 징계'의 본질을 보지 못하고 사실관계와 어긋났던 언론의 보도·논평

스포츠뿐 아니라 어떤 분야든 국제무대에서 대한민국 또는 국민이 부당하고 편파적인 불이익을 당한다면 언론은 그 부당성을 알리고 국민의 '애국심'에 기한 관심을 촉구하는 것은 인지상정, 당연지사이다. 정몽준 회장 징계의 사안도 마찬가지다. 국제 스포츠기구인 FIFA의 수장을 노리는 정몽준 회장이 경쟁사 또는 FIFA의 반대세력으로부터 부당한 '공격'을 받는다면 이는 정몽준 회장 개인의 문제로 치부할 순 없는 일이다.

그러나 정몽준 회장 징계와 같은 스포츠 분쟁사건을 다루려면 가장 먼저 사안의 본질과 사실관계를 정확히 파악해야 한다. 다시 말하면 냉정한 판단이 필요하다는 말이다. 감정에 치우쳐 섣부르게 판단하거나 본질에 벗어나고 사실관계를 잘못 알고 한 주장은 설득력이 떨어지고 오히려 비아냥을 들을 수 있다. 그런 점에서 정몽준 회장 징계에 대한 언론의 보도 내용 및 누리꾼들의 감정적 반응은 아쉬웠다.

그렇다면 정몽준 징계의 본질과 사실관계는 무엇인가? 먼저 징계를 내린 주체는 블라터 회장의 영향력이 미칠 수 있는

FIFA의 징계위원회나 집행위원회가 아니라 FIFA의 산하 위원회이지만 독립적인 '윤리위원회'라는 점을 알 필요가 있었다. 2012년 7월경 FIFA 윤리규정(Code of Ethics)에 의하여 새롭게 구성되기 이전의 윤리위원회는 제대로 그 역할과 임무를 수행하지 않았다고 평가받았다. 2011년 FIFA 회장 선거에서 블라터와 경쟁했던 '함만' 당시 아시안축구연맹(AFC) 회장을 회장 선거 후 영구제명의 징계를 내리는 등 블라터의 경쟁자 내지 반대 인사들을 FIFA에서 축출하는 잘못을 저질렀다고 국제 축구계의 비난을 받기도 했다. 함만은 이후 국제스포츠중재재판소(CAS) 중재절차에서 증거 부족 등의 이유로 무효 결정을 받아 복귀하는 듯 했으나 2012년 새롭게 구성된 윤리위원회의 조사 및 재정절차를 통해 그해 12월 재직 중의 윤리규정 위반 행위를 이유로 영구제명 징계를 받았고 본인도 사퇴하기에 이르렀다.

그러나 2012년 5월경 FIFA 개혁에 대한 내외부의 요구로 조사와 재정절차를 분리하고 독립성을 보장한 윤리위원회 개선안이 총회에서 통과되었고 이에 따라 같은 해 7월경 집행위원회가 만장일치로 조사국(investigatory chamber) 의장(chairman)으로 미국변호사인 '가르시아'(Michael J. Garcia)를, 재정국(adjudicatory chamber) 의장으로 독일 판사 '엑커트'(Hans-Joachim Eckert)를 선임하면서 달라졌다. 가르시아 의장은 바로 '2018/22 월드컵' 동시 선정 절차와 관련한 부정비리 등을 조사하였고 2014년 9월경 증거자료가 있는 350페이지의 '가르시아 보고서'라는 조사보고서를 작성하였다. 윤리위원회는 중간에 윤리규정 위반혐의로 보고된 당사자들에 대해선 본징계 이전에 90일의 임시 자격정지를 내리고 조사 및 재정절차를 통해 최고 영구제명의 징계를 내렸다. 징계를 받은 인사들 중에는 당시 집행위원회 위원 등 주요간부들도 있었고 친 블라터 인사들도 적지 않았다. 블라터, 플라티니와 윤리위원회는 '우호관계'가 아니라 '갈등관계'에 있었다.

블라터와 플라티니에게 내린 90일의 자격정지와 비교하여 정몽준 회장의 징계가 부당하다며 FIFA를 비난한 것도 설득력이 떨어졌다. FIFA 윤리위원회가 블라터와 플라티니에 대해서 잠정적 처분으로 90일의 자격정지 결정을 내린 것도 당시 블라터와 플라티니에 대한 스위스검찰의 수사가 진행되는 점을 고려하여 현 직책 수행이 부적절하다고 보아 윤리규정에 따라 최종 징계결정 때까지 그들의 모든 직무를 정지케 하는 임시징계인 것이다.

문제는 윤리위원회가 '2018/2022 월드컵' 개최지 동시 선정 과정에서 정몽준 회장이 한 행위(알려진 바에 따르면 대한축구협회 측의 유치활동을 지원한 혐의이다)가 윤리규정 위반임을 이유로 내린 6년의 자격정지는 그 형량(기간)이 지나치고 정몽준 회장의 FIFA 회장 도전을 방해하기 위한 의도에서 한 것 아니냐는 것이다. 그런데 윤리위원회가 2013년 1월 공식 발표한 것처럼 윤리위원회는 그동안 '2018/2022 월드컵' 개최지 동시 선정 절차와 관련하여 알려진 조직 문제 및 개인 비위에 대해서 조사(review)를 해왔고 징계는 조사 보고서에 따라 2015년 1월경에 시작된 절차에 따른 것이라는 점이다. 정몽준 회장이 FIFA 회장 도전을 선언하기 이전에 이미 윤리위원회 조사절차가 시작되었던 것이다. 일부에선 FIFA가 이미 혐의없다고 한 사실에 대해 징계를 내리는 것은 부당하다고 한다. 엄연히 말하면 지금의 윤리위원회 출범 이전에 FIFA가 혐의 없음 처분을 내린 것도 아니었고 문제를 삼지 않았던 것뿐이다, 한편 윤리위원회는 2015년 9월 29일경 전 FIFA 부회장인 잭 워너에 대해 윤리규정 위반을 이유로 '영구제명'의 자격정지 결정을 내리기도 했다. 그렇다면 윤리위원회가 정몽준 회장의 FIFA 회장 도전을 방해하기 위하여 징계를 내렸다는 믿을만한 구체적이고 객관적인 증거가 보이지 않는 이상 이번 정몽준 회장 징계가 FIFA의 정몽준 반대세력에 의하여 도모되었다거나 지나치게 과한 것이라고 단정하기 어려운 것이 사실이었다.

당시에 세계 스포츠계와 축구계는 FIFA 윤리위원회가 하고 있던 FIFA 개혁을 주목하고 있었다. 그런데 우리는 정몽준 회장에 대한 FIFA 윤리위원회의 징계가 부당하고 편파적이라고 하면서 "FIFA 개혁에 전세계가 나서야 된다. FIFA를 해체하고 새로운 조직을 만들어야 한다."는 등의 주장을 하고 있었다. 심지어 '음모론'에 중독된 탓인지 FIFA(윤리위원회)의 '음모'를 주장했다.

2
'김연아'에게 심판 판정과 경기 결과 불복을 부추겼다.

2014년 2월 21일 러시아 소치에서 열렸던 동계올림픽 여자 피겨 싱글 프리스케이팅 경기 결과 김연아 선수는 아쉽게도 2위를 차지했다. 2010년 벤쿠버 동계올림픽을 마치고 현역 은퇴를 했던 김연아 선수가 소치 동계올림픽을 앞두고 현역에 복귀하면서 소치 동계올림픽에서 김연아 선수의 올림픽 2연패 여부가 당시 초미의 관심사였다. 러시아 신예 '아델리나 소트니코바'가 쇼트프로그램과 프리스케이팅 점수 합계 224.59점으로 219.11점을 획득한 김연아 선수를 누르고 금메달을 따냈다. 기대가 커 아쉬움이 컸던 것일까. 국내에서는 경기 결과에 대한 판정의 불공정 시비가 일어났다. 인터넷과 SNS에서는 채점을 한 심판들이 의도적으로 러시아 '아델리나 소트니코바' 선수에 대해선 후한 점수를, 김연아 선수에 대해선 박한 점수를 준 것이라며 국제빙상연맹과 러시아를 성토하는 글이 넘쳐났고 일부에선 판정 번복을 요구하기도 하였다. 국내 대부분의 언론도 연일 적지 않은 국민들의 불만을 알리고 채점이 불공정하다는 보도를 냈다. 심지어 러시아의 '음모론'를 제기한 언론보도도 있었다. 이러한 국내의 국민감정 분위기와 이에 편승한 일부 언론들의 보도로 인해 많은 국민들은 대한민국선수단 측과 대한빙상경기연맹(KSU)에게 판정 번복을 위한 제소를 하라고 하였다.

심판판정에 대한 불공정 목소리만 싣고 판정 불복이 불가능한 사실을 제대로 알리지 않았다

스포츠에서의 심판 판정과 관련하여서는 심심찮게 논란이 발생한다. 특히 육상과 같은 계측기록 경기가 아닌 피겨나 체조와 같은 심판 채점 경기는 더욱 그렇다. 피겨 같은 채점 경기는 채점에 있어서 심판의 주관이 개입될 수밖에 없고, 그러한 심판의 재량적 판단은 어느 정도 허용될 수밖에 없다. 다만 그러한 재량이 일탈남용되는 것을 막기 위해 여러 장치를 두고 있다. 피겨에선 다수 심판제, 다수 심판의 점수에서 최고 최하를 뺀 점수 산정, GOE(가산점)에서의 +3~-3의 채점의 한계 등을 들 수 있다.

한편 국제올림픽위원회(IOC), 국제빙상연맹(ISU), 국제스포츠중재재판소(CAS)의 관련 규정은 올림픽 경기 결과와 관련한 불복은 항의(Protest)-항의에 대한 결정(Decision)-결정에 대한 이의제기(Appeal)-이의제기에 대한 결정(Decision)-결정에 대한 국제스포츠중재재판소(CAS) 중재신청(Request)의 절차를 거치도록 하고 있다.

그런데 ISU 규약상 선수의 연기에 대한 심판 판정(채점) 자체는 아예 항의(protest)의 대상이 되지 아니한다. 따라서 항의에 대한 심판의 결정(decision)을 대상으로 그 당부를 논하는 이의제기(appeal)도 할 수 없고, CAS의 중재신청(Request)도 올림픽 경기와 관련한 분쟁을 CAS에서 다투고자 한다면 관련 규정에 따라 항의, 이의제기 등의 절차를 거친 후에 그 절차에서의 결정을 대상으로 하여야 하는 CAS 관련 규정상 불가능한 것이다.

다만 심판의 판정이 의도적인 오심, 즉 편파판정이라고 할 수 있는 객관적인 증거(해당 심판의 자백, 금전 거래 등)이 있는 경우에는 사법적 재심의 대상으로 할 수 있다는 것이 CAS의 입장인데, 당시 피겨심판들이 김연아 선수의 연기에 대해 의도적으로 편파적으로 채점했다는 객관적인 증거는 없었다. 일부에서 어느 심판의 징계 전력 등을 이유로 심판 구성의 문제를 제기했으나 심판의 징계 전력은 ISU 규약상 문제는 없었다. 그래서 당시 대한민국선수단 측도 항의를 하지 아니하였고, 항의도 하지 아니하였으므로 이의제기도 할 수 없고 CAS의 중재신청 대상인 심판의 결정 자체가 없어 이 또한 불가능한 것이었다. 소치 동계올림픽 당시 다른 종목에서 선수 측이 CAS 임시중재재판소(ad-hoc division)에 중재신청을 하였으나 중재재판부가 해당 종목 단체 규정상 정해진 항의 제기 시한을 넘겨 항의하였다며 바로 각하한 사례도 있었다 (CAS OG 14/04-05).

이러한 판정 불복의 방안이 가능성도 없는 상황이었지만 일부 여론과 언론의 보도에 부담을 느낀 KSU로서는 아무런 액션을 취하진 않을 수는 없다는 판단하에 나에게 법적 검토를 의뢰하였다. 검토 결과 현 규정상 '김연아 판정'과 관련하여 문제 제기가 가능한 방안을 모색한 끝에 당시 심판(Judge) 중의 한 명인 러시아 '알라(Alla)' 의 소트니코바 선수의 포옹이 ISU 윤리규정에 위반된다고 볼 여지가 있다는 판단 하에 ISU에 징계소청(Complaint)를 제기한 것이었다. KSU로서는 고

육지책(苦肉之策)이었다고 할 수 있다. 나는 ISU의 이해충돌방지 규정을 검토하여 '알라'의 심판 선정은 ISU 이해충돌방지 규정위반의 소지가 있음을 주장함과 동시에, ISU 심판 판정의 공정성이 의심받게 된 원인 중의 하나는 '알라' 심판의 부적절한 행위이고 앞으로 심판들에게 중립성과 공정성을 의심받게 할 행위는 하지 않도록 경각심을 일깨워 줄 필요도 있음을 이유로 '알라'의 행위는 ISU 윤리규정을 위반한 것이라는 주장을 폈다. '알라'에 대한 규정 위반의 점이 인정된다면 간접적으로나마 심판 판정 문제 제기의 정당성을 인정받을 수 있다는 점도 고려되었다. 그러나 아쉽지만 결국 우리의 주장이 받아들여지지 않았다.

위와 같이 사실상 판정에 불복하거나 판정을 번복시킬 방안이 없었다. 또한 세계 언론과 피겨 전문가들 사이에서도 채점의 불공정 여부에 대해서도 의견이 엇갈렸고 경기 결과를 받아들이지 못할 정도로 채점이 잘못된 것은 아니라는 의견도 많았다. 미국 〈뉴욕타임즈〉는 결과가 공정했다는 보도까지 했다. 그러나 국내 언론은 이러한 사실을 제대로 보도하지 않았고 오히려 일부 여론의 판정 불복과 번복을 위한 제소 요구의 목소리만 담았고 그와 관련하여 확인이나 검증

없이 누리꾼들의 주장을 그대로 인용하여 관련 기사를 내보내거나 관련된 내용의 외신을 오역하여 보도하기까지 하였다. 'USA 투데이'가 자신을 소치 동계올림픽 피겨스케이팅 심판이라고 주장하는 익명의 제보자가 심판진의 국적 구성의 문제를 지적하면서 편파 의혹을 제기하였다는 보도를 국내 언론들이 일제히 심판이 의도적으로 편파 판정을 하였다고 양심선언하였다고 보도한 것은 대표적인 '오보' 사고였다.

또한 포털 '야후'의 누리꾼 게시판 페이지(The Yahoo Contributor Network)에 '제시 헬름스'(Jesse Helms)라는 사람이 단정적으로 경기 결과는 러시아 측과 세계빙상연맹(ISU)에 의한 의도적인 편파 판정 때문이라는 내용의 글을 올렸는데, 국내 언론들은 신원이 확인되지도 않은 제시 헬름스을 저명한 피겨 저널리스트로 소개하면서 이 글을 대대적으로 소개하였다. 당시 이 내용은 국내 유력 언론사의 종이신문 스포츠면에도 크게 실렸다.

국내 일부 언론이 이태리 어느 대학의 교수라는 분이 통계적으로 소트니코바, 김연아 등 선수의 쇼트, 프리 점수의 편차를 분석한 결과를 보도한 적도 있었는데, 이는 누리꾼들 사이에서 유통된 이야기를 검증 없이 보도한 것이다. 그 교수가 리포트(논문도 아니다)에서도 조사 결과가 경기의 판정 결과가 잘못된 것임을 뜻하는 것은 아니며 단순히 통계적인 의미라는 취지의 단서를 분명히 명시하고 있음에도 이를 보지 않은 것인지 알면서도 그런 것인지 마치 경기 편파 판정의 과학적 근거라고 주장하는 투의 보도를 하기도 했다.

3

박태환 '금' 실패, 원인은 기업 후원이 없어서?

2014년 9월 19일부터 10월 4일까지 인천에서 열린 '제17회 아시안게임' 수영 종목에서 대한민국에게 금메달을 안겨 줄 선수로 우리는 박태환 선수를 꼽았다. 박태환 선수가 지난 2006 도하아시안게임에서 수영에서 금메달 3개(자유형 200, 400, 1500)를 따내고 최우수선수상을 수상하기까지 우리는 수영에서 중국과 일본에게 열등감을 느꼈다. 서로 이웃하는 나라의 사람들로서 신체적 조건, 자질 등은 같은데, 그들은 뛰어난 성적을 거두고 있었다. 결국은 선수들의 선천적 소질보다는 선수들을 길러내는 환경과 기초 종목에 대한 관심의 차이에서 비롯된 것이었다. 그런데 도하아시안게임에서 박태환 선수가 나타나 우리도 수영에서 중국, 일본과 어깨를 나란히 했고, 2008 베이징올림픽에서 자유형 400 금메달, 자유형 200 은메달을 따내며 세계적 수영선수로 자리매김하면서 남자 수영에 관한 한 중국, 일본을 앞서는 수영강국이 히니라고 자부심을 갖기도 하였다.

당시 이제는 전성기가 지난 것이 아니냐는 일부의 평가에도 불구하고 2012 런던올림픽에서의 아쉬움을 극복하고 2014년 한 해 기록이 금메달을 다툴 중국의 '쑨양', 일본의 '하기노 코스케'보다 나아 좋은 결과를 기대하였다. 일부에선 국민과 언론의 지나친 기대에 의한 부담감만 떨쳐 버리면 지난 도하 아시안게임의 영광을 재현할 수 있다고 봤다.

그러나 아쉽게도 금메달을 목에 걸지는 못했다. 기대했던 자유형 200, 자유형 400에서 중국의 쑨양과 일본의 코스케에 밀려 동메달을 땄고 4×100, 4×200 계영 종목에선 각 동메달을 따냈다. 동메달도 소중한 메달이지만 기대가 컸던 탓일까? 아쉬움과 안타까움이 적지 않았다. 그런데 일부 언론은 박태환 선수에 관한 기사나 보도에서 사람으로 하여금 마치 박태환 선수의 금메달 획득 실패가 국가의 지원이 부족하고 기업의 후원이 없어서라고 오해할 만한 내용을 보였고, 많은 네티즌도 이에 동조하여 정부와 기업들의 박태환 선수에 대한 무관심이 원인이라며 정부와 기업탓을 하였다.

추측에 섣부른 단정으로
박태환 금메달 실패의 책임을 국가와 기업의 탓으로

박태환은 2012 런던올림픽까지 에스케이텔레콤(SKT)이라는 든든한 스폰서가 있었고 광고모델 활동으로 해외 전지훈련 비용을 넘어서는 상당한 금액의 수입을 벌었다. 그런데 런던올림픽 이후 SKT과의 후원계약은 더 이상 연장되지 않았다. 그리고 박태환 선수 측은 수영연맹국가대표 훈련에 참여하기보다는 개인적으로 훈련을 하는 것이 낫다는 판단 하에 자신의 비용으로 개인훈련을 해왔다. 그런데 언론에선 SKT과의 후원관계가 끝나 해외 훈련비용 마련에 어려움이 있었고 이로 인해 훈련 비용을 마련하기 위해 TV 홈쇼핑에 출연까지 하였다고 했다. 언론보도와 이를 믿은 많은 네티즌의 주장처럼 정말로 2012 런던올림픽 이후에 박태환 선수에 대한 제대로 된 기업 후원이 없어서 훈련비용을 마련하는데 어려움이 있었고 이로 인해 제대로 훈련을 하지 못했던 것일까?

박태환 선수 측이 해명한 대로 TV 홈쇼핑 출연은 당시 이미 계약에 의해 출연하기로 되어 있었던 것이고 훈련비용 마련을 위해 출연한 것은 아니었다. 그리고 박태환 선수는 당시 여전히 광고시장에서 기업으로부터 소구력 있는 A급 모델로 인정받고 있기 때문에 런던올림픽 이후에도 소치동계올림픽 때 여러 광고에 모델로 출연하였고 광고로 인하여 상당한 수입을 거둬 해외훈련 및 해외대회 참가에는 아무런 지장이 없었던 것이 사실이었다. 대한민국 사람으로서 우리 모두는 박태환 선수의 금메달을 바라는 마음에는 다름이 없었을 것이다. 그러나 그 마음이 근거 없고 사실에 반하는 화풀이를 정당화할 순 없다. 화풀이를 하더라도 그 화풀이의 대상으로 무조건 정부와 기업을 삼아서도 안 된다.

4
샤라포바가 영구히 성을 바꾼다고?

2013년 8월 중순경 프로테니스 그랜드슬램 대회인 US오픈 개막을 며칠 앞둔 시점에 국내 언론에 세계적 여성 테니스스타 '마리아 샤라포바'(러시아)가 그녀의 '성(姓)'을 바꿀 계획이라는 외신을 인용하는 보도가 있었다. 자신의 성인 '샤라포바(Sharapova)'를 '슈가포바(Sugarpova)'로 바꾼다는 것인데 목적이 자신의 브랜드 상품인 사탕의 제품명 'Sugarpova'을 홍보하려는 마케팅 전략에 따른 것이라는 사실이 알려지면서 적지 않은 비난이 있었다.

샤라포바가 세계적 스타이고 그에 관한 뉴스가 우리의 관심을 불러일으켰던 탓인지 샤라포바에 관한 위 뉴스도 국내의 많은 온라인 '스포츠미디어'에 실렸다. 심지어 메이저 신문사의 종이신문에도 실렸다. 그런데 문제는 기사의 내용이 엉뚱하게 잘못되었던 것이다. 외신의 내용은 US오픈 대회기간 동안에만 잠시 성을 바꾸겠다는 것인데 국내 스포츠미디어 대부분의 기사는 영구히 성을 바꾼다는 내용이었다.

이와 관련한 외신 보도 중의 하나인 'The Times'의 원문은 이렇다.

"Maria Sharapova, the richest female athlete in the world, is planning the most audacious move of her career - changing her surname to Sugarpova for the two-week duration of the US Open, in honour of her line of sweets." 외신 보도기사를 번역하여 이해하는 과정에서 생긴 실수에서 비롯된 것이었다. 아마 처음 위 뉴스를 잘못 번역한 기사를 전달하는 과정에서 기자들이 원문을 확인하지 않은 것이다. 아무튼 사실과 다른 잘못된 내용을 전달한 '오보'였다.

속보 강박증이 오보 무감증을 낳는다

스포츠에 대한 우리의 관심은 이제 경기와 선수의 멋진 모습을 단순히 보고 즐기는 단계를 넘었다. 스포츠에 대한 관심은 경기에 관한 규칙, 경기와 선수에 관한 정보에 대한 관심으로 이어졌고 이는 선수, 스포츠스타의 일거수일투족에 대한 관심으로 발전되었다. 이러한 관심을 충족시킨 매체의 하나가 바로 미디어이다. 정보전달이라는 미디어의 본질적 기능 내지 역할이 스포츠와 우리의 관심을 이어준다.

그런데 스포츠를 둘러싼 미디어 시장의 환경 탓일까? 이른바 종이신문으로 상징되는 '인쇄 미디어' 시대에서 웹과 모바일의 '온라인 미디어'시대로의 변화와 실시간 정보전달이 가능한 인터넷 환경은 뉴스의 속보 전쟁을 불러온다. '클릭'이 돈과 연결되는 온라인 미디어 시장으로 인해 스포츠저널리즘을 바라보는 미디어 및 기자의 시각이 '정확'한 정보전달 보다는 '신속'한 정보전달로 바뀌었다고 볼 수 있다.

이러한 스포츠저널리즘의 속보 강박증인 탓에 우리는 스포츠 보도에 있어서 오보를 접하는 경우가 많아지고 있다. 당시에 축구 월드컵 대표팀의 9월 평가전을 쿠웨이트와 하기로 했다는 일부 스포츠미디어의 보도가 있었으나 결국 사실이 아닌 것으로 밝혀졌다. 앞에서 봤던 박태환 선수의 홈쇼핑 채널 출연과 관련한 보도도 일부 스포츠미디어가 후원이 끊기고 수영연맹의 포상금 지급이 이루어지지 않아 훈련비를 마련하기 위해 홈쇼핑에 출연하였다는 취지의 외신 보도를 그대로 인용보도하였다가 박태환 선수 측의 해명을 통해 사실이 아님이 밝혀진 것이다. 위 보도로 인해 포상금 지급 문제로 일부 네티즌들의 비난을 받았던 수영연맹은 또 한 번 네티즌들의 원성을 받아야 하는 상황에 있었다.

결국 스포츠저널리즘의 정확한 보도라는 기자의 소명의식이 남보다 빠른 보도라는 강박증에 굴복한 것이라고 할 수 있다. 이러한 속보 전쟁의 부작용이 바로 '아니면 말고'식의 보도 행태이다. 나중에 잘못된 오보라고 밝혀지더라도 그로 인하여 피해를 입은 피해자가 문제를 제기하지 않으면 정정보도가 있는 경우가 흔치 않고 특히 온라인에서는 더욱 그렇다. 아니면 말고 식의 정보 매체 중의 하나가 이른바 '증권가 찌라시'인데, 증권가 찌라시의 내용이 나중에 사실로 밝혀지는 경우들도 있는 것을 보면 '아니면 말고'식의 보도행태는 오보 측면에서는 증권가 찌라시의 그것과 다를 바 없는 것이라는 비난을 받을 수 있다.

미국 켄터키 루이빌 소재 '쿠리어-저널'지의 한 칼럼니스트는 다음과 같은 말을 했다. "머지않아 경기가 끝나기도 전에 결과를 예측하여 기사를 쓰고 넘겨야 할 날이 오고 말 것이다."라고('Media Relations in Sports', William Nichols 외 공저). 스포츠저널리즘의 속보 전쟁이 더 불을 뿜으면 위 칼럼니스트의 말이 실현되는 시대가 올지도 모르겠다.

5
'박태환 국가대표선발 논란'으로 '쓰레기'가 돼버린 대한체육회

2016년 3월경부터 수영 박태환 선수의 리우올림픽 국가대표선발 여부에 대한 사회적 논란이 일었다. 2015년 2월경 도핑으로 국제수영연맹(FINA)부터 18개월의 선수자격정지 징계를 받은 박태환 선수는 2016년 3월경 징계기간이 만료되고 2016년 4월경 국가대표선발 대회에서 몇 종목 국내 최고의 기록이자 리우올림픽 출전 기록을 세웠다. 그러나 대한체육회의 국가대표선발규정 중 도핑 징계기간 만료 후 3년간은 국가대표로 선발될 수 없다는 조항 때문에 리우올림픽 출전 국가대표로 선발되지 못했다. 스포츠와 인권 편에서 그 조항의 문제점에 대해서 밝히겠지만 이와 관련하여 박태환 선수의 국가대표선발 문제에 대한 뜨거운 찬반 논란이 있었다.

박태환 선수를 옹호하는 네티즌들은 국가대표선발규정의 문제점이 있음에도 박태환 선수와 관련하여 국가대표선발규정을 개정하지 않겠다는 대한체육회의 입장 내지 대응을 비난하면서 심지어 대한체육회가 박태환에 대한 괘씸죄로 박태환 선수를 국가대표로 선발하지 않는다는 등의 주장을 하며 대한체육회를 '쓰레기'라며 원색적으로 비난을 했다.

국가대표선발 논란과 관련하여 박태환 선수 측을 옹호하는 국민(네티즌)들이 이와 같이 대한체육회를 비난하는 데에는 나름 이유가 있었다. 언론을 통해 알려진 '이중처벌' 등 국가대표선발규정에 대한 문제점에 대한 인식, 박태환 선수에 대한 호감, 대한체육회 등 체육계에 대한 반감 등이 그들로 하여금 박태환 국가대표선발 논란에서 대한체육회가 '박태환 죽이기'를 하는 것으로 인식하게 하는 것 같다. 이전에 대한체육회에 대하여 가지고 있는 부정적인 인식도 한 몫 했다면 대한체육회의 '업보'라고 해야겠다.

그런데 대한체육회가 그들로부터 '쓰레기' 취급을 받게 된 이유 중의 하나는 일부 언론의 '힘'이 컸다. 박태환 국가대표선발 논란에서 일부 언론(기자)의 대한체육회의 입장 내지 처신에 대하여 쏟아내는 비난 내지 비평은 언론의 '공신력'을 바탕으로 박태환 선수 측을 옹호하는 네티즌들에게 '확신'을 갖게 했다. 박태환 선수 측을 옹호하지 않거나 중립적인 입장에 있는 네티즌들이라도 대한체육회에 대하여는 부정적인 생각을 갖게 하였을 것으로 본다.

박태환 리우올림픽 출전을 막기 위해 대한체육회가 정관을 급조했다는 주장은 사실이 아냐

그런데 그러한 대한체육회에 대한 비난이 명백하게 '팩트'에 반하거나 그 판단에 잘못이 있다면 문제가 아닐 수 없다. 사실과 다르고 정확하지 못한 보도로 대한체육회가 받지 않아도 될 욕을 먹거나 '쓰레기', '악'으로 취급받는다면 대한체육회 단체만의 차원을 넘어서 대한민국 스포츠계에 '해'를 끼치게 된다. 국민들의 대한체육회에 대한 괜한 오해를 넘어 불신을 초래해 불필요한 사회적 논란을 일으키고 엘리트스포츠계에 대한 국민들의 반감을 고착화시킬 위험성이 있다.

2016년 5월 중순경 일부 언론에서는 취재결과 박태환 선수의 리우올림픽 출전과 관련된 대한체육회 정관 조항(제65조)이 급조된 사실이 드러났고 정관을 급조하면서까지 박태환의 리우올림픽 출전을 기어이 막으려는 의도가 무엇인지 궁금하다며 대한체육회는 제65조 조항을 왜 급조했는지, 또 누가 급조를 주도했는지를 공식적으로 밝히라는 내용의 보도를 내보냈다. 해당 언론은 대한체육회가 박태환 선수의 리우올림픽 출전을 막기 위해 정관 조항을 급조했다고 단정했다. 단정적인 보도에 대한 댓글 대부분은 대한체육회에 대한 성토와 원색적인 비난 일색이었다.

정말 대한체육회가 박태환 선수의 리우올림픽 출전을 막기 위해 관련 조항을 급조한 것일까? '팩트'에 완전히 어긋난 '오보'다. 관련 조항을 둔 것은 대한체육회 통합과 관련하여 국제올림픽위원회(IOC)로부터 올 3월경 정관을 검토 받는 과정에서 IOC가 해당 조항을 둘 것으로 권고(요청)했고 대한체육회에서 관련 분쟁의 합리적 해결과 IOC의 권고를 따르는 것이 낫다는 판단 하에 2016년 4월경 통합 대한체육회 대의원총회를 앞두고 개정하여 대의원총회에서 통과된 것이다. 그리고 해당 조항 문구는 통상 IOC와 국제축구연맹(FIFA)뿐 아니라 국제스포츠단체에서 통상 사용하는 문구다. 대한체육회가 해당 조항을 박태환 선수의 리우올림픽 출전을 막기 위해 급조한 것이 아니란 '팩트'를 알 수 있다.

대한체육회를 부당하게 '까는 것'은 스포츠계와 박태환에게 아무런 도움이 안 돼

또 그 보도가 나오기 며칠 전에는 대한체육회 국가대표선발규정 문제점의 근거로 강도죄를 저지른 선수가 박태환 선수와 같이 도핑으로 징계를 받은 선수보다 국가대표선발 제약을 덜 받는다는 내용의 보도가 있었고 마찬가지로 댓글에는 대한체육회에 대한 비난이 쇄도했다. 이 보도도 사실과 다른 내용이다. 국가대표선발규정 만을 보고 내린 해석이다. 강도죄를 저지른 선수가 있다면 스포츠공정위원회는 징계규정인 스포츠공정위원회규정상 영구제명(그럴 가능성이 없지만 최소 수년의 자격정지)을 내리게 된다. 그렇게 되면 그 선수는 제명의 경우 영원히 국가대표가 될 수 없고, 수년의 자격정지를 받은 경우 자격정지 기간이 끝나고 2년이 경과되어야 국가대표가 될 수 있다. 강도죄를 저지른 선수가 박태환 선수보다 국가대표선발에 있어서 유리할 수 있다는 것은 현 징계규정과 국가대표선발규정상 가능성이 없다.

일부 네티즌들이 ‘팩트’가 아닌 보도를 접하고 이를 이유로 대한체육회를 무차별적으로 비난하는 것이 안타까웠다. 그러한 대한체육회에 대한 아니면 말고 식의 비난은 스포츠에 대한 사회적 인식을 왜곡하고 박태환 선수 문제 해결에 아무런 도움이 되지 않았다.

6

대기업이 무단 방출한 그들을, 언론은 외면했다.

2014년 12월 16일 필자는 이메일 받은 편지함을 확인하던 중에 "안녕하십니까."라는 제목의 이메일을 보게 되었다. 발신인 성명도 생소하여 이른바 '스팸메일'이 아닌가 하고 그냥 삭제하려고 하였는데, 미리보기 화면에서 뭔가 마우스 클릭을 멈추게 하는 내용들이 보였다. 자신의 입장을 하소연할 데가 없어서 인터넷 검색을 하던 중에 필자의 칼럼을 읽고 문의를 한다는 것이었다. 필자의 메일을 읽기 시작했다. 메일을 읽어 가면서 마음이 먹먹하고 화가 나기 시작했다.

자신들 6명은 2013년에 국내 대기업이 운영하는 프로야구단에 트라이아웃 테스트에 합격하고 입단하였는데, 2014년 2월 신고선수로 계약하면서 계약서 내용을 읽어보지도 못했고 계약내용을 알지도 못한 상태에서 계약서에 서명했다고 한다. 계약서도 받지 못했다고 한다. 2014년 3월에서 6월 사이에 방출이 되었는데, 신고선수라 잔여연봉을 지급하지 않는다는 통보를 구단으로부터 받았다는 것이다. 프로야구선수협의회에 문의를 하니 일단 계약서를 받아 확인하여야 한다는 답변을 듣고 야구단에 연락하니 한국야구위원회(KBO)의 유권해석에 따라 잔여연봉을 지급하지 않는 것이니까 더 이상 얘기하지 말라고 했단다.

필자는 이런 얘기들을 이미 전부터 듣고 있었는데, 해당 당사자로부터 직접 들으니 처음에는 반신반의 하였던 것이 사실이었다. 변호사를 찾는 의뢰인이 자신의 입장에서 다소 과장된 얘기를 하는 경우가 적지 않기 때문이다. 직접 만나서 얘기를 듣기로 했다. 전화를 걸었다. 이메일의 내용이 사실이냐고 물었다. 그렇다고 했다. 변호사인 필자를 찾았다는 것은 법적인 대응을 염두에 둔 것이냐고 물었다. 그렇다고 했다. 다시 야구선수 활동을 생각한다면 해가 될 수 있다고 얘기했다. 이번 일로 야구에 미련을 접었다고 했다.

며칠 후 사무실에서 그들과 직접 만났다. 야구선수답게 덩치 있는 그들이었지만 필자에게는 애송이로 보였다. 필자가 변호사라서 그런지 처음에는 필자를 대하는 태도가 좀 어색했지만 일반적인 야구 이야기를 하면서 분위기를 좀 부드럽게 만들었다. 그들의 이야기는 구체적이고 일관되었다. 위에서 밝힌 내용에 더하여 한국야구위원회에 구단의 유권해석 여부를 물어보니 그건 모르겠고 구단과 해결하라는 답변을 들었다는 사실도 알게 되었다. 그들의 주장을 뒷받침하는 자료들도 확인하였다.

바로 야구단에 내용증명을 보냈다. 2014년 12월 26일이었다. 경위와 함께 우선 선수계약서를 보내달라고 하였다. 지급하여야 할 잔여연봉이 있으면 지급하라고 했다. 선수들의 주장이 사실이라면 선수들이 겪은 정신적 충격에 대한 위자료도 지급하라고 했다. 해를 넘기기 전에 해결해 달라고 했다. 내용증명을 보내면서 한편으로는 아직 보지 못한 계약서에 그들에게 불리한 내용이 있으면 어떻게 하나 하는 걱정도 했다.

2014년 12월 31일 저녁 6시 쯤 비서 데스크에 있는 팩스에 여러 장의 서류가 보였다. 구단에서 보낸 선수계약서들이었다. 계약서 조항들을 살펴봤다. 선수들에게 잔여연봉을 지급하지 않을 정당한 이유가 될 수 있는 규정이 없었다. 다행이다 싶었다. 팩스 표지를 봤다. 잔여연봉 지급 문제에 대해서는 내부 검토 후 연락 주겠다고 적혀 있었다. 연락이 올 것으로 믿었다. 다음 날부터 미국 출장이어서 이메일로 비서에게 혹시 구단에서 연락이 오면 출장 중이라는 사실과 필자의 핸드폰 전화번호를 알려주라고 말해두었다.

출장 복귀 후 2015년 1월 둘째 주에 들어서도 야구단으로부터 아무 연락이 없었다. 6명도 연락이 없었냐고 필자에게 하루에도 몇 번 물어왔다. 조금만 기다리자고 하였다. 그러나 내심 걱정이 되었다. 필자도 대응 전략을 세우고 준비를 하기 시작했다. 우선 한국야구위원회에 내용증명을 보냈다. 13일 야구단이 한국야구위원회에 6명과 관련한 문제에 대하여 유권해석을 의뢰한 사실이 있는지 등을 질의했다. 내용증명을 보내면 한국야구위원회가 야구단에 연락할 것이고 그렇다면 야구단이 우리가 마냥 기다리지 않을 것으로 인식할 것이고 뭔가 답변이 있을 것으로 생각했다. 한국야구위원회가 회신을 하지 않은 것을 보고 야구단이 유권해석을 한 사실이 없음을 확신했다.

언론을 통한 '파이팅'도 준비하기 시작했다. 대기업의 평상시 언론 관리를 잘 알고 있기 때문에 과연 우리의 주장을 실어줄까 걱정도 했지만 그래도 선수인권의 문제이니까, 거창한 '국민의 알 권리' 문제를 떠나 우리가 반드시 알고 해결하여야 할 문제이므로 최소한 우리의 문제제기를 외면하지 않을 것으로 믿었다. 아니 믿고 싶었다. 필자가 한 미디어매체에 칼럼을 쓰고 있어서 칼럼을 통해 이 문제를 알릴까, 기자에게 '소스'를 줄까 생각도 했지만 그만 두기로 했다. 신뢰성과 객관성에 문제가 있다고 봤다.

야구단의 아무런 회신이 없어서 1월 18일 일요일 집에서 야구단 대표 앞으로 공개질의서 형식의 서면을 작성했다. 사건의 경위와 함께 6명에 대한 조치 등을 요청하는 내용을 적었다. 평소 아는 기자를 포함하여 스포츠신문 등 여러 언론사의 야구 담당기자 이메일 주소로 공개질의서를 첨부하며 선수인권의 문제로 게재를 적극 검토하여 달라고 하였다. 답신을 기다렸다. 한 언론사로부터 연락이 왔다. 경제전문 온라인 언론사였다. 고마웠다. 그런데 그 외 연락이 온 언론사는 없었다. 그 언론사는 우리 주장과 함께 야구단을 취재하여 기사를 내보냈다.

인터넷에 기사가 올라가고 댓글이 주렁주렁 달리고 SNS에서 퍼지자 야구단 측에서 연락이 왔다. 잘 합의해서 해결하자고 했다. 그러자고 했다. 그런데 실망하기까진 꽤 긴 시간이 필요하지 않았다. 한 달치 급여는 줄 수 있다고 했다. 더 이상 언론에 문제가 나면 해결이 어렵다고 했다. 화가 나기 시작했다. 언론을 자신들이 컨트롤할 수 있다는 자신감에서 오는 것이라고 생각했다.

필자의 칼럼에 이 글을 올렸다. 반응이 폭발적이었다. 필자의 글과 관련한 검색어가 검색순위 상위에 오르고 어마어마한 댓글이 달리기 시작했다. 기사 댓글 페이지에는 구단과 모기업인 대기업을 비난하는 글로 넘쳤다. 몇몇 언론사 기자가 필자에게 전화를 걸어오기 시작했다. 그렇게 사회적 이슈가 될 기미가 보이자 야구단은 보도자료를 통해 미지급한 잔여 연봉을 지급하겠다고 발표했다. 그제서야 그 보도자료 내용이 유력 언론사나 스포츠 언론사의 보도에 실리기 시작했다.

제 2 장

스포츠와 인권 (스포츠인권)

스포츠인권이란 선수, 지도자 등
엘리트스포츠 활동을 하는 사람이
헌법과 법률이 보장하는 인간으로서
향유할 수 있는 권리를 말한다.

제 2 장
프롤로그

다른 인권 분야와 비교하여 아마추어와 프로를 포함한 이른바 엘리트스포츠[1]는 그동안 인권에 대한 정부·사회의 관심 사각지대이었음을 부인할 수 없다. 스포츠의 국제 경쟁력 확보와 1등만을 기억한다는 이유로 훈련 및 경기에서 선수가 인간으로서 누려야 할 인권에 대한 제한 내지 침해는 불가피하다는 것이 스포츠계의 시각이었다. 그러나 스포츠도 사회의 한 분야이므로 인간으로서 선수 등 스포츠 구성원들의 존엄과 가치도 인정받아야 함은 당연하다. 스포츠인권을 침해하는 문화와 제도를 고치려는 노력이 필요하다.

---

1) '엘리트스포츠'란 초 · 중 · 고 · 대학교 학생운동선수, 실업팀 운동선수 및 프로팀 운동선수들이 행하는 경기활동과 관련한 스포츠를 말한다. '국민체육진흥법'은 이와 유사한 개념인 '전문체육'으로서 '경기단체에 등록된 선수들이 행하는 운동경기 활동'이라고 정의하고 있다(국민체육진흥법 제2조 제2호 및 제4호 참조).

매년 신문과 방송에서는 심심찮게 스포츠인권 침해와 관련한 사건·사고들이 보도되고 있고 이와 관련한 법적 이슈들이 제기되면서 스포츠인권에 관한 여러 문제들이 노출되고 있다. 스포츠인권 침해의 원인으로서는 인권의식의 흠결과 같은 개인적 문제와 승리지상주의와 같은 제도적 환경의 문제를 들 수 있는데 위 두 문제들이 복합적으로 작용하여 인권 침해가 발생하기도 한다.

사회의 인권에 대한 인식이 높아지고 인권보호 관련 제도 환경이 좋아졌다고 하지만 발생하고 있는 스포츠인권 침해 사건의 실상을 보면 그러한 인식과 제도의 발전을 따라가지 못하고 있음을 알 수 있다. 스포츠의 위광적 효과로 인하여 국제대회에서의 스포츠 경쟁력 확보와 스포츠의 목적인 경기에서의 승리를 위해서는 훈련 및 경기에서 선수가 인간으로서 누려야 할 인권에 대한 제한 내지 침해는 불가피하다는 것이 스포츠계의 인권에 대한 인식이었다. 정부와 사회도 스포츠인권에 대해서는 관심을 덜 가졌던 것을 부인할 수 없다. 의식적이든 무의식적이든 우리 사회의 스포츠인권에 대한 무관심은 선수가 인간으로서 마땅히 누려야 할 자유와 권리가 침해되는 것을 방관하였다고 볼 수 있다.

하지만 사회 발전에 따른 정부·사회의 인권보호 정책의 강화와 함께 선수를 포함한 스포츠 구성원의 인권의식의 향상은 더 이상 스포츠를 인권의 사각지대로 방치하지 않고 있다. 특히 사회의 선수인권 보호에 대한 요구는 정부와 국회로 하여금 선수인권 침해 예방과 보호에 관한 제도적 방안을 모색하도록 하고 있다. 그런데 훈련과 경기뿐 아니라 일상적 생활에서도 스포츠인권이 침해당하는 사건·사고들이 자주 발생하고 아직도 인권 측면에서 개선되어야 할 제도와 관행들이 적지 않은 것이 사실이다. 정부·국회와 사회·스포츠계가 스포츠인권에 대하여 더 많은 관심과 노력을 기울여야 할 이유이기도 하다.

한편 스포츠인권의 침해는 성폭력, 폭력 등 지도자와 선수, 선수와 선수 사이의 관계에서 직접적으로 야기되는 문제이기도 하지만 편파판정, 승부강요, 수업불참 등 훈련 및 경기에 있어서의 제도적 문제로 인하여 선수의 행복 추구권, 평등권, 학습권 등이 침해되는 문제가 제기되기도 한다.

1

'학생선수'에서 '학생'은 이름뿐이고 '선수'만이 있었다.

실제 고등학교 시절 잘 나갔던 학생선수였던 어느 대학생으로부터 직접 들은 얘기다. 그는 고등학생 때까지만 해도 '잘 나가는' 유도 학생선수였다. 고등학교 3년간 개인전과 단체전 포함 전국대회 1등을 4번 하였고 전국체전 2위 등 각종 전국대회에서 좋은 성적을 거뒀고 상비군에도 소속되기도 했다. 한마디로 유도 종목의 체육특기자로서 어느 대학교든 선택해서 갈 수 있는 실력과 성적을 가지고 있었다. 그런데 그는 가고 싶었던 대학교에 입학하지 못했고 다른 대학교에 그 학교의 운동부로선 생소한 유도 종목의 체육특기자로서 입학했다. 대학교 입학 후에는 6개월 만에 7년간의 엘리트 운동선수의 길을 접었다.

그가 중학교 시절 유도를 처음 시작 할 때는 수업을 4교

시까지만 출석할 수 있어 좋았다고 한다. 그마저도 '땡땡이 쳐도' 학교에선 별 신경을 쓰지 않아 중학교 1학년 1학기 이후로는 시험을 본 기억이 없다고 한다. 그의 기억에 의하면 당시 중학교 유도 운동부는 같은 재단 고등학교 유도 운동부 '형'들과 같이 운동을 했는데 중학교 1학년생을 빼면 누구 하나 수업을 듣는 사람은 없었고, 아침 6시부터 시작되는 새벽 운동이 8시쯤 끝나고 나면 모두들 잠을 잤다.

학생선수를 공부와 담을 쌓고 운동만 하는 운동기계로 만드는 학교운동부

고등학교 1학년이 되었을 때는 유도 운동부 감독이 학생선수들에게 무조건적인 합숙을 강요하면서 학생선수들은 학업과는 점점 더 멀어졌다. 하루 적게는 8시간, 많게는 10시간의 운동 스케줄을 소화하느라 수업 출석 또는 공부보다는 피곤한 몸을 쉬는 것이 우선이었다. 그도 그랬고 다른 학생선수들도 1등을 목표로 운동을 했기 때문에 공부에 신경을 쓰지 않았고 운동에만 집중했다.

그는 고등학교 2학년 때 처음으로 전국대회에서 개인전

1등을 했고 고등학교 3학년 때는 2등과 1등을 번갈아 가며 입상을 했다. 전국에 있는 대학교 운동부 감독들은 그가 시합을 뛸 때마다 그에게 다가와 어느 대학을 생각하며 원하는 것이 무엇인지 물어보기 일쑤였다고 한다. 그런데 그는 운동을 시작하던 때부터 서울 소재 모 대학교를 가고 싶었고 갈 수 있는 자격을 갖췄기 때문에 그 대학교에 진학하기를 원했고, 처음 운동을 시작할 때부터 한 번도 빠지지 않고 시합장에 따라오시던 부친도 그의 생각을 존중해 줬기 때문에 그 대학교 진학은 거의 확정적이었다.

그런데 당시에 그의 동기 13명 중 개인전 성적을 가지고 있는 학생선수는 그를 포함해서 4명뿐이었고, 성적이 없는 학생선수 부모들은 자신의 아들을 대학에 보내기 위해서 하루가 멀다 하고 감독을 찾아왔다고 한다. 그런 부모들 중의 한 명이 그가 모 대학교에 갈수 있게 된 것을 알게 되어 감독에게 이른바 '끼워팔기' 로비를 했다고 한다. 당시 모 대학교 유도 체육특기자 입학정원은 네 명으로 모 대학교 감독이 생각한 학생선수 이외에는 받을 수 없는 상황이었다. 그 로비에 의한 것인지 고등학교 운동부 감독은 대학교 운동부 감독에 그를 데려가려면 다른 학생선수도 데려가라며 '배짱'을 부렸고 대학교 운동부 감독이 받아들이기 어려운 제안을 했다고 한다.

결국 대학교 운동부 감독은 그를 뽑지 않고 다른 학생선수를 뽑았고 그는 동기 중 가장 좋은 성적을 가지고 있음에도 가장 늦게 입학 대학이 결정되었다. 다른 대학교에 입학한 후에 운동을 그만 두게 되었을 때 원래 가고자 했던 대학교 감독이 유도 학생선수로 재입학을 권유했지만 유도계에 대한 싫증과 같은 복잡한 감정으로 유도 운동선수의 길을 그만두기로 결정했다.

초등학교부터 대학교에 이르는 학교 운동부 소속 학생선수는 스포츠선수이기에 앞서 학생이다. 따라서 학생선수에게도 학습할 시간과 학교 수업에 참석할 기회가 보장되어야 함은 당연하며 학생선수의 '행복을 추구할 권리'와도 관련된 학습권 내지 수업권이 부당하게 침해되어서는 안 된다. 그런데 위 학생의 사례에서 알 수 있듯이 현재 학교스포츠 현장에서는 훈련 및 경기 참가로 인한 학생선수의 학습권 및 수업권이 부당하게 침해되고 있으며 이러한 문제는 학교스포츠 전반의 문제로 인식되어지고 있다. 학생선수의 학습권 및 수업권 침해로 인하여 학생선수는 일반 학생에 비해 학업성적이

매우 저조하며 학습능력은 위축되어 있다.

이러한 학생선수의 학습권 침해는 2002년 10월 19일, 20일 이틀간 스위스 로잔의 올림픽박물관에서 열린 세계선수포럼(International Athletes Forum)에서 발표된 "운동선수는 경기장 뿐만 아니라 사회에서도 그들의 역할을 원활이 다하고 자기 개발을 하여야 하며 운동과 교육 중 택일을 강요받아서는 안 된다."는 성명(Final Recommendations)[2)]의 정신에 정면으로 위배되는 것이다.

학생선수의 학습권이 침해되고 정상적인 학교생활이 이뤄지지 않는 학교 운동부의 반교육적이고 반인권적인 운영행태는 바로 상급학교 진학 입시와 관련한 체육특기자 제도에서 비롯된다. 수 십년간 엘리트우수선수 육성의 명분하에 체육특기자 입학전형에 있어서 수능성적과 기준학력 수준을 요구하지 않고 오로지 경기 성적만을 가지고 상급학교 입학이 결정되는 제도는 학생선수의 수업 및 학력 단절을 가져왔다.

---

2) "Athletes, especially young ones, should view "transition from sport" as a natural process in their life development and sporting experience, so that their role in society as sportsmen/women can move smoothly beyond the playing field. Athletes should not be forced to choose between sport and education." International Athletes Forum, "Final recommendations" 2002. 10. 20.

2

스포츠 성폭력에 관대한 우리, 피해자를 두 번 울리다.

2013년 4월 중순경 강원도의 어느 중학교 운동부 코치가 자신이 지도하는 운동부 여자 학생선수를 차량으로 집에 데려다 주면서 여러 차례 성추행을 했다. 그 여학생은 차량이라는 장소와 가해자가 지도자라는 사정으로 인해 속절없이 코치의 성추행을 당할 수밖에 없었다. 그로부터 1여 년이 지나 법원의 형사재판부 항소심은 위 범죄사실로 기소된 코치에 대하여 "나이 어린 학생이 받았을 성적 수치심과 정신적 충격을 생각하면 엄중히 처벌할 필요가 있다."면서도 자신의 잘못을 반성하는 점 등을 양형에 고려하여 1심과 같은 징역 2년 6월에 집행유예 4년을 선고하였다.

2014년 3월 28일 어느 도청 컬링 운동부 소속 4명의 여자 선수들이 코치의 폭언과 성희롱을 문제로 들며 집단 사표를 제출한 사건이 발생했다. 이에 해당 도청은 긴급 합동조사단을 구성해 당사자인 선수들과 코치를 상대로 면담조사를 벌였다, 면담조사 결과 훈련 때 폭언이 있었다는 사실에 대해 선수들과 코치 모두 인정하였고, "내가 손잡아 주니까 좋지?"라고 한 코치의 성추행 발언도 사실로 밝혀졌다. 이에 대한 컬링연맹은 상벌위원회 결정으로 해당 코치에게 영구제명의 중징계를 내렸다.

어느 시청 빙상 운동부 감독의 여자 선수들에 대한 성추행 논란도 있었다. 시청 빙상 운동부 소속이거나 소속 선수로 활동했던 여자 선수 3명이 2014년 3월 20일 감독을 성추행 혐의로 지방경찰청에 고소했다. 선수들은 고소장에서 "감독이 지난해 훈련 도중 자세를 교정하거나 속력을 낼 것을 요구하며 뒤에서 엉덩이에 손을 대고 미는 등 불필요한 신체접촉을 했다."고 주장했다. 감독은 검찰조사에서 "훈련을 하면서 자세를 교정하거나 속력을 낼 것을 요구하는 과정에서 신체접촉이 있었지만 성추행 의도는 없었다."며 혐의를 부인하였지만 이 사건을 수사했던 수원지방검찰청(형사2부)은 2014년 10월경 훈련 도중 여자 선수의 몸을 만지는 등의 혐의(성폭력처벌법상 업무상위력에 의한 추행 등)로 감독을 불구속 기소했다.

2007년 4월경엔 어느 여자 농구 실업팀의 감독이 미국 전지훈련에서 여자 선수를 숙소를 불러 벌거벗은 채로 성추행한 사건이 알려지기도 했다. 사건이 알려진 직후 감독은 귀국, 구단 사무국 측에 성추행 사건에 대해 전부 시인하고 구단은 감독이 일신상의 이유로 사퇴 처리하는 선에서 이 사건을 마무리 지으려 해 사건 은폐 논란까지 더했다. 결국 피해 선수 측은 5월경에 지위를 이용해 자신을 성추행한 혐의(성폭력범죄의 처벌 및 피해자 보호 등에 관한 법률 위반)로 감독을 경찰에 고소했고 감독은 사건에 대해 "술에 취해 있어서 기억이 나지 않는다."며 혐의를 부인했지만 6월경에 구속됐다. 재판부는 "피고인은 감독의 지위를 이용해 감수성이 예민한 나이 어린 피해자를 추행해 평생 씻어내기 어려운 고통을 준 점에서 엄벌해 처해 마땅하다."고 하면서 "당시 만취한 상태에서 우발적으로 범행을 저질렀고, 과거 10여년간 국가대표 여자농구팀의 코치 또는 감독 등으로 농구계 발전을 위해 노력했으며, 합의금으로 5000만원을 공탁한 점 등을 감안해 사회봉사명령을 성실히 이행하는 것을 조건으로 집행유예를 선고한다."고 하면서 징역 10월에 집행유예 2년, 사회봉사명령 200시간을 선고했다.

영향력을 이용하여 저지른 성폭력 가해자는 다시는 스포츠계에 돌아오지 못하도록 해야

학교 운동부 또는 실업팀, 프로팀에서 심심찮게 발생하는 지도자의 선수에 대한 성폭력은 우리만의 문제는 아니다. 최근에는 일본에서도 유명 지도자의 여성 선수에 대한 성폭력 사건이 발생하여 사회적으로 문제화된 적이 있었다. 지도지의 선수에 대한 성폭력 문제는 일반 성폭력 문제처럼 피해자측의 용기 없이는 다른 사람들이 제대로 알 수 없는 구조적 한계를 가지고 있다. 더군다나 가해자가 다른 사람도 아니고 자신의 선수활동에 막강한 영향력을 가지고 있는 코치, 감독이라는 점과 문제가 외부에 알려지면 자칫 선수활동도 그만둘 위험도 있다는 점은 위 사건처럼 드러난 경우는 빙산의 일각일 것으로 쉽게 짐작케 한다.

이러한 스포츠 성폭력 문제에 대처하는 방안에는 여러 가지가 있을 것이다. 성폭력 방지와 관련한 교육과 홍보, 성폭력을 당하였거나 목격한 사람이 관계기관에 하는 신고 및 상담, 성폭력이 발생한 경우에 가해자에 대하여 하는 처벌 등이다. 대한체육회도 스포츠인권포털을 운영하며 교육과 홍보, 신고·상담 센터 운영, 가해자에 대한 징계 제도를 두고 있다.

최근에는 대한체육회가 운영하는 '스포츠인권익센터(sports-in, sports.or.kr)'가 성폭력이 발생할 경우 피해자구제를 위한 수사, 의료, 법률 등의 권한과 지원할 방법이 많지 않은 실정임을 고려하여 피해자구제를 위한 통합적인(상담, 의료, 법률, 수사 등) One-Stop 서비스를 제공 받을 수 있도록 여성가족부 산하 여성·아동 폭력피해중앙지원단과 MOU를 체결하기도 하였다.

과거에 비해 스포츠 성폭력 건수가 줄어든 경향도 있다고 하는 최근의 체육회 자체 조사결과에서 보듯이 과거에 비해 성폭력 건수 자체가 감소하였다고 볼 수도 있을 것이나 스포츠 성폭력 문제가 계속 발생하는 것을 보면 위 교육 및 예방적 측면의 대책은 효과적 측면에서 그 한계가 있는 것 같다. 대한체육회는 2011년 국정감사에서 지적되었던 성폭력 가해자에 대한 처벌이 미미하여 솜방망이 처벌이라는 점에 대하여 기존의 3차 적발시 영구제명을, 1차 적발시 영구제명으로 자체 처벌을 강화한다고 하였으나 정말 가해자를 바로 영구제명을 시켰는지 알 수 없고 나중에 슬그머니 복권을 시키는 것은 아닌지 의심스럽기도 하다. 그렇다면 아예 스포츠 성폭력을 저지른 가해자는 더 이상 스포츠계에서 활동하지 못하도록 하는 특단의 대책을 강구하는 것이 필요할지도 모르겠다.

3
사소한 스포츠폭력이 또 다른 스포츠폭력을 불러온다.

2016년 새해 벽두의 스포츠계 핫 이슈 중의 하나는 어느 역도 국가대표 선수의 폭력이었다. 그는 2015년 12월 31일 지방 도시의 한 술집에서 후배 선수를 폭행하여 왼쪽 눈 밑의 뼈가 부러지는 등 그에게 전치 6주의 상해를 입혔다는 사실은 사회와 스포츠계에 적지 않은 충격을 주었다. 국가대표 훈련 중 또는 선수촌이 아닌 개인 생활 영역에서 벌어진 일이라고 해도 폭행의 의도 내지 경위를 보면 가해자 선수로서는 입이 열 개라도 할 말이 없는 사건이었다. 피해자 선수에게 이른바 "맞아도 싸다."거나 "맞을 짓을 했다."는 일말의 사정도 보이지 않기에 가해자 선수로서는 변명의 여지가 없었다.

대한역도연맹도 '폭력'사건의 심각성을 알고 발빠르게 징계절차에 착수했다. 선수 및 지도자의 권익침해(폭력 및 성폭력)의 조사 및 구제와 가해자에 대한 징계 등의 업무를 담당하는 선수위원회를 열고 가해자 선수에게 자격정지 10년이라는 중징계를 내렸다. 징계가 확정되면 해당 선수는 자격정지 기간 동안 선수뿐 아니라 지도자로서도 활동할 수 없게 된다. 가해자 선수의 폭행치상 사건에 대한 수사결과 기소가 이뤄지고 형사재판에서 금고이상의 형이 확정되면 국민체육진흥공단 '체육인복지사업운영규정' 관련 조항에 따라서 경기력향상연금 월정금을 수령할 자격도 상실하게 된다.

호미로 막을 수 있었던 스포츠폭력, 가래로도 막지 못하다

조사과정에서 밝혀진 사실관계에 따르면 폭력 사건(2차 폭행이라 하겠다)의 발단이라고 할 수 있는 단순(?)폭행 사건(1차 폭행이라 하겠다)이 있었다. 2015년 2월 태릉선수촌에서 가해자 선수가 태도가 불량하다는 이유로 피해자 선수의 뺨을 두어 차례 때렸다는 것이다. 가해자 선수는 경찰 조사에서 1차 폭행과 관련하여 얘기를 하다가 감정이 격해져서 우발적으로 폭행했다고 진술했다고 한다. 피해자 선수가 뺨을 맞은 사실을 다른 선수들에게 얘기했다는 점이 앙금의 씨앗이 된 것이다.

그런데 위 폭력사건(2차 폭행)을 미연에 방지할 수 있는 가능성이 있었다는 사실에 주목할 필요가 있다. 피해자 선수에게도 신체적 · 정신적 상해를 입히지 않을 뿐 아니라 가해자 선수에게도 위와 같이 책임을 피할 수 없는 폭력 행위를 행사하지 않도록 사전에 조치를 취할 수 있는 예방 시스템이 제대로 작동되었고 이에 따라 대한역도연맹이 그에 적절한 대처를 할 수 있었음에도 하지 않았다면 이는 또 다른 문제가 아닐 수 없다. 선수 개인의 문제를 넘어선 제도적 시스템의 문제로 봐야 할 이유이다.

2015년 2월에 가해자 선수가 피해자 선수의 뺨을 두어차례 때린 1차 폭행 사건이 태릉선수촌 또는 대한역도연맹에 알려지지 않았고 이에 따른 적절한 조치가 이뤄지지 않은 것이다. 만약에 1차 폭행의 사실이 대한역도연맹에 알려졌고 이에 따라 선수위원회 또는 연맹의 조사에 이은 적절한 조치(사안의 성격상 경고의 징계도 적절하였을 것으로 보인다)가 취해지고 가해자 선수와 피해자 선수에 대한 관계 개선 등의 노력이 있었다면 2차 폭행 사건이 발생하지 않았을 수도 있었다.

당시 대한체육회 '선수위원회 규정'에 따르면 폭력이나 성폭력을 당한 자 또는 그 사실을 알고 있는 사람이나 단체는 실명으로 대한체육회, 시·도체육회, 가맹단체에 그 내용을 진정할 수 있고, 대한체육회, 가맹단체의 각 선수위원회는 진정이 없는 경우에도 권익 침해(폭력·성폭력행위)가 있다고 믿을 만한 상당한 근거가 있고 그 내용이 중대하다고 인정할 때에는 이를 직권으로 조사하여 조치할 수 있다(제16조). 이와 함께 대한체육회와 가맹단체는 '선수고충처리센터'에 권익침해 사실을 신고할 수 있는 시스템을 운영하고 있다.

가해자 선수의 1차 폭행과 관련하여 이미 다른 선수들도 그러한 사실을 알고 있었다는 점이 밝혀졌는데, 그렇다면 대한역도연맹 측도 가해자 선수의 1차 폭행 사건을 알고 있었을 가능성이 크다고 본다. 만약 알고 있었다면 가해자 선수의 1차 폭행에 대하여 위와 같은 대응 조치를 취했어야 옳았다. 리우올림픽 메달 기대주인 가해자 선수에 대한 선수위원회의 조사 및 징계 절차가 진행되고 그 사실이 외부에 알려지는 것이 대한역도연맹으로서는 원하지 않은 일이었을 수 있다. 그러나 결과적으로 호미로 막을 것을 가래로도 막지 못한 상황이 돼버린 것이다.

반폭력 시스템이 잘 작동되지 않는 상황에서 선수 선후배 또는 동료간 폭력이 발생되지 않도록 하기 위해선 극약(?) 처방이 필요하지 않을까? 선후배의 관계를 불문하고 선수간에는 존댓말을 쓰도록 하면 어떨까 싶다. 존댓말을 쓰도록 하면 감정이 격해지는 것을 막을 수 있고 상호간 배려하고 존중하는 태도가 늘어 폭력이 줄어든다는 연구결과 및 사례도 있다. 2013년 5월경 학교폭력을 예방하고 학생들의 평화롭고 즐거운 학교생활을 위해 학교의 구성원 모두가 존댓말로 대화하도록 한 전주 서일초등학교의 실제 사례가 언론에 보도된 적이 있었다.

어쩌면 제도적 반폭력 시스템보다 서로를 존중하고 배려하는 문화를 만드는 것이 폭력 발생을 막을 수 있는 더 나은 방법이 아닐까 생각한다.

4
여성 선수에 대한 무분별한 성별 논란은 인권침해다.

스포츠에서 남성이냐 여성이냐의 성별은 주요한 문제이다. 선수로서 활동을 하려면 선수등록을 하여야 되는데 남성은 남자 선수로만 여성은 여자 선수로만 등록이 가능하다. 남자 선수가 여자 선수 종목이나 팀에서 뛸 수 없고 여자 선수가 남자 선수 종목이나 팀에서 뛸 수 없다. 여자 선수가 아무리 남자 선수보다 기량이 좋다 하더라도 남자 선수 종목이나 팀에서 뛸 수는 없는 것이 원칙이다.

이러한 원칙에 예외가 있긴 했다. 골프나 테니스에서 여자 선수가 남자 선수들과 승부를 겨루었던 적이 있고, 1994년 최초로 미국 NCAA 야구경기에서 투수로 활약한 바 있는 '일라 보더스(Ila Borders)'라는 여성이 1997년 프로야구 북부 독립리그(Independent Northern League)의 'St.Paul Saint'팀에 입단하고 1998년 당시 마이너리그 'Duluth-Superior Dukes'팀에서 역사상 최초로 마이너리그 야구게임에서 투수로 경기에 출전한 사건(?)도 있었다.

그러나 이는 해당 선수가 여성이라는 사실에는 어떠한 이견도 없었고 여자 선수의 위대한 도전으로 여겨진 경우들이다. 선수등록에서의 성차별이 아닌 성구별은 간혹 어떤 선수의 성정체성에 의심을 불러일으키고 성별검사의 논란을 일으킨다. 그런데 대개 여자 선수에 대해서 남성으로 의심을 하는 경우이지 남자 선수에 대해서 여성으로 의심을 하는 경우는 없다. 여자라기보다는 남자로 보는 것이 맞기 때문에 '순수(?)여자'들과 경쟁한다는 것은 스포츠의 공정성에 위배된다는 논리이다.

이러한 여자 선수에 대한 무분별한 성별문제의 제기는 해당 여성에 대해서는 인격 침해이자 프라이버시 노출의 강요라는 간과할 수 없는 사회적 문제가 있다. 그래서 수년 전부터 외국 스포츠계에서는 무분별한 성별검사의 요구나 그 문제점을 지적하면서 성별검사에 관한 조건과 절차를 엄격히 규정한 규정 내지 제도의 도입을 강하게 요구하였다. 이의 결과로 국제축구연맹(FIFA)은 2011년 성별검사의 주체, 요건, 절차 등을 정한 '성별검사규정(FIFA gender verification)'을 제정하였고 아시아축구연맹(AFC)도 2012년 이 규정을 연맹 규정으로 채택하였다.

이 규정에 따르면 FIFA 또는 AFC 주관대회에서 아무나 특정 선수의 성별검사를 요청할 수 없고, 선수, 연맹, 의료책임자(medical officer)만이 FIFA 사무총장에게 성별검사를 요청할 수 있고 요청시 구체적 이유와 근거를 제시하도록 하였다. 만약 근거를 제시하지 못하면 요청을 기각할 수 있도록 하였고 근거가 없거나 무책임한 요청으로 밝혀진 경우에는 해당 요청자를 징계에 처할 수 있도록 하였다. 또한 성별검사는 산부인과 전문의, 유전학 전문가, 내분비학자 등으로 구성된 전문패널에 의해서 이루어지도록 하였다.

IOC는 특히 성전환 문제를 인식하고 이에 대한 하나의 지침을 만들었다. 2003년 10월 스웨덴 스톡홀름에서 열린 IOC 의료위원회 회의에서 성전환 선수의 성별 경기참가에 대한 기준('Statement of the Stockholm consensus on sex reassignment in sportssus')을 마련하였다. 이 기준에 따르면 사춘기 이후에 성전환 선수가 전환 후 성별선수로 경기에 참가하려면 외과 해부학적인 신체적 변화가 완전히 이루어져야 하고, 관련법에 따라 법적으로도 성전환이 인정받아야 하며, 호르몬 투입이 적절하게 이루어지고 경기에서 성별의 효과가 최소화될 정도로 성전환 후 어느 정도 시간이 경과되어야 한다는 것이다. 이에 따라 국제올림픽위원회(IOC)는 올림픽 대회 때마다 규정을 제정하여('IOC Regulations on Female Hyperandrogenism') 고안드로겐혈증, 즉 남성호르몬 과다 형성증 혐의가 있는 여성 선수에 대한 검사 요건, 절차, 결정 및 불복 절차 등을 정하여 성별검사제도를 운영하고 있다.

그런데 우리 스포츠계는 성별과 관련하여 무분별한 성별검사 요구나 논란이 일어나지 않도록 관련 규정이나 제도 도입이 필요함에도 아직 도입을 하지 않고 있는 실정이다.

근거 규정도 없이 어느 한 여성선수에 대한 무차별적인 성별검사 강요

어느 여자축구 실업팀 소속의 어느 선수는 남성스런 외모 탓에 2003년 태국 여자아시안컵 및 미국 여자월드컵 예선 대회에 참가하였을 당시 경기감독관이 여성인지 육인검사를 요구하는 등 성별에 대한 논란이 있어 2004년 모병원에서 비공식적으로 성별검사를 받은 사실이 있었다. 한편 2013년 7월경 대한축구협회는 선수 소속팀 감독에게 2014년 여자월드컵 등을 대비하기 위하여 선수가 호르몬 검사를 받을 의향이 있는지를 타진하였는데, 감독은 성별검사에 관한 명확한 규정이 없으면 받은 수 없다는 취지로 거절하였다.

2013년 10월경 한국여자축구연맹 소속 실업축구 감독들이 모여 식사를 하는 자리에서 해당 선수와 관련하여 기량이 뛰어난 해당 선수가 국가대표로 선발되지 않음으로써 주전선수들이 국가대표로 차출되어 전력이 약화된 다른 팀들이 그 선수가 소속된 팀보다 불리하다는 불만을 제기하면서 해당 선수가 여성이 맞는지 진단해 줄 것을 연맹에 요구하고 이것이 관철되지 않을 경우 2014년 시즌 모두 출전하지 않기로 합의하였다. 이후 이 내용이 담긴 문건을 만들어 연맹에 팩스로 전송하였다.

이러한 문제가 알려지자 선수 측은 2013년 11월경 국가인권위원회에 논란의 여지가 없는 여성인 선수에 대하여 이와 같이 성별 확인을 요구하는 것은 인권침해이자 언어적 성희롱에 해당하므로 시정을 바란다는 진정을 제기하였다. 이에 국가인권위원회는 2014년 2월경 위 사실을 인정하며 「국가인권위원회법」이 규정한 성희롱에 해당하는지 여부와 관련하여 당사자 간의 업무 관련성, 언동의 경위 및 내용, 언동이 행해진 장소 및 상황, 그러한 언동이 성적 함의가 있는 성적 언동에 해당하는지 여부와 그러한 성적 언동이 피해자의 주관적 관점에서뿐 아니라 합리적인 여성의 관점에서 보아도 성적 굴욕감 또는 혐오감을 불러 일으키는 행위인지 여부를 판단 기준으로 볼 때 피진정인들이 선수에 대하여 성별검사를 요구한 행위는 근로자가 업무와 관련하여 성적 언동 등으로 성적 굴욕감 또는 혐오감을 느끼게 한 것으로 「국가인권위원회법」상 '성희롱'에 해당한다고 판정하면서(다수의견), 피진정인들에게 국가인권위원회가 주관하는 특별인권교육을 수강할 것을, 대한축구협회장에게는 피진정인에 대하여 징계조치를 취할 것을, 문화체육관광부장관 등에게는 무분별한 성별 논란 방지 장치 등을 마련할 것을 각 권고하였다.

5
임의탈퇴가 아닌 강제탈퇴

최근에 일부 국회의원 자녀의 공직임용과 취업 관련한 특혜 논란이 이슈가 된 적이 있었다. 그런데 자녀들이 로스쿨 출신 변호사라는 사실과 관련하여 일부에선 로스쿨 제도의 문제점을 제기하고 사법시험의 존치를 주장하고 있다. 로스쿨 제도의 문제로 지적되는 것 중의 하나가 로스쿨 입학과 졸업 후 취업에 있어서 '실력'이 아니라 '빽'에 의해 좌우되는 것 아니냐는 것이다. 법조인 양성 제도로서 로스쿨은 노무현 정부 때 국제화·다원화 시대에 맞는 다양하고 전문화된 법조 인력을 양성하여 법률 서비스의 질을 향상시키자는 취지에서 도입된 것인데, 일부 계층의 '특권화'된 법조인 진출 제도로 이용될 수 있다는 현실이 아쉽다.

스포츠와 관련한 제도 중에서 이처럼 본래의 목적과 취지와는 다르게 변질되어 운용되는 것은 없을까? 아쉽게도 변질

논란의 대상이 될 수 있는 제도가 있다. 2015년에 도핑에 이어 음주운전의 파문에 휩싸인 프로축구의 어느 선수와 관련한 '임의탈퇴' 제도이다.

선수에 대한 제재(징계)와 구단 이익 수단으로 변질해버린 임의탈퇴 제도

2015년 8월경 어느 프로축구 구단은 소속 선수의 새벽 음주운전 및 그에 따른 사고에 대해서 연맹 및 구단 규정 그리고 계약사항에 의거하여 한국프로축구연맹에 선수의 임의탈퇴 공시를 요청했다고 발표했다. 이에 관한 언론의 보도가 있었는데, 대부분의 언론 기사는 '제주'가 강수일 선수에 대한 '징계'로 임의탈퇴 결정을 하였다는 취지였다. 일부 언론 기사는 임의탈퇴는 선수의 과오로 인해 계약이 해지되는 것이라고 설명을 더했다.

그런데 임의탈퇴 제도는 원래 선수계약과 관련하여 구단과 리그 운영의 안정성을 도모하기 위한 목적에서 마련된 것이다. 선수계약 체결 후 선수가 임의로 선수계약을 해지하거나 무단 이탈하는 경우에('임의'로 탈퇴하는 경우에) 아무런 조치가 없다면 구단과 리그는 제대로 운영이 될 수 없는 맹점이 있다. 그러한 문제에 대처하기 위해 단체법적 측면에서 해당 선수가 타 구단 소속선수로 활동하지 못하도록 하기 위해 선수계약과 관련하여 구단의 요청에 따른 연맹(협회)의 공시에 의해 복귀조건부로 선수계약의 효력이 일지 정지되는 것이다. 구단이 임의로 할 수 있는 것이 아니라 구단의 요청으로 연맹의 공시가 있어야 효력이 발생하는 것이다. 선수 측의 선수계약 해지 주장 또는 무단 이탈에 대한 구단의 보호수단이라고 볼 수 있다.

즉 임의탈퇴는 '징계'가 아니다. 징계는 연맹정관 또는 상벌규정에 의해 징계대상이 되는 행위를 한 구단 또는 선수에게 내리는 '벌'이다. 프로축구의 경우 K리그 「상벌규정」은 개인(선수)에 대한 징계로 경고, 제재금, 특정수의 경기나 특정기간 또는 영구 출장정지, 모든 직무(선수자격 및 구단 및 연맹에서 부여받은 직무)의 일시적 또는 영구적 자격정지로 정하고 있다. 임의탈퇴는 선수의 과오가 없는 경우에도 복귀조건부로 선수활동을 정지하는 것이므로 선수의 과오에 의한 계약해지라는 말도 정확한 표현은 아니다.

임의탈퇴의 강제성에 비추어 '임의탈퇴'라는 용어도 사실은 부적절하다. 일간스포츠 최민규 기자가 "KBO 규약은 일본 프로야구 규약을 베끼다시피했고, 일본 규약은 메이저리그 제도를 답습했다. 일본 규약에는 '임의은퇴'로 되어 있다. '임의'라는 말은 일본에서 빌려온 것이다. 메이저리그 규약에서 '임의탈퇴'는 'Voluntary Retirement'다. '자진은퇴'쯤 된다."며 프로야구 팬들 사이에서도 임의탈퇴 용어가 잘못 쓰인다고 한 지적은 참고할 만하다([최민규의 친뮤직] 임의탈퇴, '징계'로 이용되는 '자진'은퇴, 일간스포츠, 2015. 6. 27.입력).

그런데 더 큰 문제는 임의탈퇴 제도가 선수에 대한 보복내지 제재와 선수에 대한 연봉 미지급의 수단으로 변질된다는 것이다. 그런 경우가 실제 여럿 있었고 프로스포츠 임의탈퇴 제도 규정상 그러한 변질로의 운영 가능성이 있다. 프로축구의 경우를 보자. 「한국프로축구연맹 규정」 제2장 제9조(임의탈퇴 선수)는 클럽은 '보유선수가 제반규정 또는 계약서에 명시된 조항을 위반하거나 이행하지 않을 경우'에 임의탈퇴 공시를 요청할 수 있다고 정하고 있다. 규정을 위반하거나 선수계약사항을 위반하는 경우에 구단의 일방적 결정에 의해 임의탈퇴 선수로 공시가 될 수 있다는 말이다. 다시 말하면 구단으로서는 마음만 먹으면 규정 위반 또는 계약 위반 혐의가 있는 선수를 연맹의 준사법적 기구인 '상벌위원회'의 제소 및 심리 절차를 거치지 않고, 선수의 방어권이 박탈된 상황에서 징계에 버금가는 어쩌면 더 중한 제재라고 볼 수 있는 임의탈퇴로 처리(?)할 수 있게 된다. '징계'와 달리 임의탈퇴는 연봉이 지급되지 않으므로 인건비 절감의 효과가 있고 타 구단 선수가 될 수 없다는 점에서 구단에게 효용성이 크다.

음주운전 관련 사건과 관련하여 선수에게 엄중한 처분을 하려면 한국프로축구연맹 징계절차를 통해 엄중한 징계를 받게 하면 되고, 같이 갈 선수가 아니라고 판단하면 선수계약을 해지하고 이른바 '방출'해 버리면 되는 것이다. 징계라는 '포장'까지 하면서 임의탈퇴를 요청하였다는 것은 엄격히 따지면 맞지 않다. 임의탈퇴 제도가 변질되어 운용되는 것이다. 그러한 변질된 '임의탈퇴'로 그 선수는 임의로 탈퇴한 것이 아니라 강제로 탈퇴 당한 것이다.

6

박태환 국가대표 금지는 이중처벌이다.

2015년 3월 수영의 박태환 선수가 세계반도핑기구(WADA) 금지약물 복용혐의로 세계수영연맹(FINA) 도핑패널 청문회 절차를 거쳐 18개월의 선수자격정지 징계를 받고 2016년 2월 기간이 만료되어 선수활동을 재개했다. 그런데 박태환 선수에게 악재가 기다리고 있었다. 바로 대한체육회의 「국가대표 선발 규정」이었다. 대한체육회가 2014년 7월 제정한 「국가대표 선발 규정」 제5조 결격사유 제6호 '체육회 및 경기단체에서 금지약물을 복용, 약물사용 허용 또는, 부추기는 행위로 징계처분을 받고 징계가 만료된 날로부터 징계 기간이 끝나고 3년이 경과하지 아니한 자'라는 조항에 의해서, 박태환 선수는 세계반도핑기구(WADA) 금지약물 복용 행위로 세계수영연맹(FINA)으로부터 받은 18개월의 선수자격정지 기간이 만료되었으나 리우올림픽 국가대표로 선발될 수 있는 자격조차 잃게 된 것이다. 그런데 필자가 2015년 2월에 국제스포츠중재재판소(CAS) 유사 사건의 예를 들면서 '이중처벌' 등 위 조항의 법적 문제점을 제기한 이후 '박태환룰'(위 규정의 문제가 박태환 선수와 관련된 점을 고려하여 여기선 박태환룰로 부른다)의 부당성이 제기되었는데, 2016년 4월 대한체육회가 위 「국가대표 선발 규정」의 관련 조항을 수영 박태환 선수에게 그대로 적용하기로 한 스포츠공정위원회의 회의결과를 공표하면서 박태환 선수 국가대표 선발 제한에 대한 논란이 일었다. 스포츠계와 언론뿐 아니라 여론에서도 찬반양론이 맞섰다.

배고파 빵 훔친 사람과 절도벽으로 남의 물건을 훔친 사람을 법원의 재판없이 똑같게 처벌하는 것과 같아

'박태환룰'의 법적 문제를 정확히 알 필요가 있다. 먼저 「국가대표 선발 규정」에서 국가대표 결격사유를 상위법의 근거나 위임 없이 정하는 것이 과연 적절한 것인가 생각해야 한다. 규정위반 행위에 상응한 징계를 받았는데, 징계에 관한 모법(母法)의 근거 없이 징계 소멸 후에도 징계와 같은 제재를 부과하는 것이 법리적으로 용인될 수 있는가이다. 국가대표로 선발될 기량과 기록을 갖고 있음에도 징계를 받은 전력 때문에 국가대표로 선발하지 않는다는 것은 해당 선수에게는 징계와 다름없다.

「국가대표 선발 규정」에서 정한 대표선발 제한의 필요성이 인정된다 하더라도 그 제한은 징계의 근거법에서 명시 또는 다른 규정에 위임한다는 근거를 둬야 하는 것이 법원칙이다.

2011년 10월 미국올림픽위원회(USOC)가 국제올림픽위원회(IOC)를 상대로 제기한 CAS 중재사건(CAS 2011/O/2422)에서, CAS 재판부가 당시 도핑으로 6개월 이상 자격정지를 받은 선수는 정지기간 만료 후 다음 올림픽에 출전하지 못한다는 규정(Rule 45 of the Olympic Charter)인 이른바 '오사카룰'은 도핑에 관한 한 모법(母法)인 국제반도핑기구(WADA)의 반도핑규정에 근거가 없고 '이중처벌(ne bis in idem)'이므로 무효이고 더 이상 적용되어서는 안 된다고 결정한 이유도 바로 그러한 법원칙에 따른 당연한 결론이었다.

다음으로 국가대표 선발 제한과 관련한 징계 전력 사유의 정도를 구체적으로 검토하지 않거나 징계기구의 심리절차를 거치지 않고 징계와 다름없는 국가대표 선발 제한을 규정으로 획일적으로 정하는 것이 법적 타당성에 부합한 것인지 고민이 필요하다. 「국가대표 선발 규정」 제5조는 도핑, 폭력, 성추행 등에 따른 징계기간이나 사유의 비난 내지 책임 정도 등에 관계없이 획일적으로 징계 전력 사유별로 일정 기간 동안 국가대표로 선발될 수 없다고 규정한다. 징계기간이 1개월이든,

2년이든 상관없이 모두 획일적으로 동일 기간 동안 국가대표가 될 수 없다는 점은 책임원칙에도 어긋난다. 징계기구의 심리를 거치지 않고 규정에 의해 직접 징계를 내린다는 점도 법절차적 정당성에 문제가 있다. 배고파서 빵을 훔친 사람과 물욕 때문에 남의 물건을 훔친 사람을 법원의 재판없이 모두 동일한 형으로 처벌할 순 없지 않은가.

도핑, 스포츠폭력 등 반(反)스포츠 행위에 상응한 엄중한 처벌의 정책을 펴는 것은 당연하고 정의에 부합한다. 그러나 법적으로 정당하고 타당한 법적 절차와 근거에 의하지 않거나 법상식적으로 용인되기 어려운 '처분적 규정'에 의해 처벌을 하는 것은 정의에 부합하지 않는다. 과잉처벌은 또 하나의 스포츠 공정성과 관련한 인권의 문제이다.

그런데 도핑, 폭력, 성폭력 등 사유에 대해 징계를 받은 자에게 법적 근거 없이 획일적으로 국가대표 활동 기회를 박탈하는 규정의 개폐 문제를 박태환 개인에게 특혜를 주는 것이 옳으냐의 문제로 변질되기도 했다. 잘못된 규정으로 이중처벌을 받을 위험에서 빠져나오도록 하는 것은 특혜가 아닌데 말이다.

7
KIA의 윤완주 자격정지, '법과 원칙'을 무시한 무식한 처사

우리가 즐겨 쓰고 듣는 말 중의 하나가 "법과 원칙에 따른다."라는 것이다. 법관은 법과 원칙에 따라 판단하고, 정부도 법과 원칙에 따라 행정을 집행하고, 국회도 법과 원칙에 따라 입법활동을 한다. 법과 원칙에 위반되는 판결, 행정집행, 입법은 위법한 것이 되고 그 효력은 인정받지 못한다. 이러한 '법과 원칙'이라는 명제가 중요하고 절대적으로 필요한 경우가 형벌 등 어떤 법적 제재를 받거나 불이익한 처우를 받는 경우이다. 법과 원칙에 따르지 않고 적법 절차에 의하지 않은체 어떤 제재가 내려진다면 그 제재는 정당성을 잃어 무효이다.

어쩌면 우리가 당연한 이 명제를 자주 듣게 되는 것은 그만큼 우리는 법과 원칙을 의식적이든 무의식적이든 어기는 경우가 있기 때문일 것이다. 우리는 주변에서 법과 원칙이 무시당하는 경우를 적지 않게 보게 된다. 그 원인을 두곤 여러 이야기들이 있다. 결과·성과 위주의 교육과 사회 정서에 물든 우리의 정신적 측면의 문제가 제기되기도 한다. 법과 원칙을 불편해하고 귀찮아 하는 우리의 가치관도 원인으로도 여겨진다.

필자가 이렇게 법과 원칙에 관한 이야기를 하게 된 것은 2015년 4월 개인 SNS를 통한 부적절한 발언으로 팬들을 실망시킨 프로야구 KIA타이거즈의 내야수 윤완주 선수에 관해서이다. 윤완주 선수가 개인 SNS 메시지에 '노무노무 일동차렷'이라는 댓글을 달았는데, '노무노무'는 보수성향의 커뮤니티인 '일베'에서 고 노무현 전 대통령을 비하하는 뜻으로 사용되고 있고 '일동차렷'은 전두환 전 대통령이 대통령 시절 사열 동영상이 돌면서 일베 내에서 유행했던 은어라고 한다. 이런 부적절한 표현의 댓글이 알려지자 많은 네티즌들은 윤완주 선수를 비난했고 급기야 윤완주 선수와 소속 KIA타이거즈는 공식 사과까지 했다.

한편 KBO(총재 구본능)는 윤완주 선수에 대해 타인의 명예훼손에 대한 제재 규정에 따라 리그규정 벌칙내규 제9항에서 금지한 '경기장 내외를 불문하고 감독, 코치, 선수가 공개적으로 또는 정보통신망을 통해 성별, 외모, 장애, 혼인, 인종, 피부색, 종교, 출신 국가나 지역 등에 따른 차별, 비하, 편견을 조장하는 언행, 타인의 명예를 훼손하거나 리그의 품위를 손상시키는 행위'를 이유로 엄중경고 처분을 하였다.

그런데 바로 법과 원칙이 무시되었다고 볼 수 있는 사태가 발생하였다. KIA타이거즈가 이후 윤완주 선수에 대하여 내린 제재와 관련하여서이다. KIA타이거즈가 별도로 구단 상벌위원회를 열어 윤완주 선수에 대하여 제재를 내렸고 이를 보도자료를 통해 알렸다. 보도자료의 내용은 다음과 같다. “KIA는 구단 사무실에서 상벌위원회를 열고 구단 이미지 실추, 프로야구 선수로서의 품위 손상 등을 이유로 윤완주에게 자격정지 3개월의 징계를 결정했다. 자격정지 처분에 따라 윤완주는 향후 3개월 동안 경기 출전 및 훈련 등 구단 활동에 일체 참가할 수 없다. 징계 기간 동안 연봉 지급도 중지된다.”

선수에 대한 징계도 규정에 따른 절차를 준수해야

선수의 신분과 관련한 제재는 반드시 '법과 원칙'에 따라 내려져야 한다. 아무리 선수가 사회적으로 물의를 일으켰다 하더라도 선수 자격 및 신분과 관련한 제재는 단체 규약에 따른 근거에 의해 그 절차 속에서 이뤄져야 한다는 것이 스포츠 거버넌스의 기본 원칙이다. 제재에 대하여 선수에게 이의 내지 중재절차를 보장하기 위해서이기도 하다. KBO도 규약에 선수계약, 임의탈퇴, 자유계약선수, 선수계약의 양도, 자격정지 기타 선수규제 등 선수자격에 관한 효력이 KBO규약에 따라 KBO총재에 의해 공시되어야 그 효력이 인정되도록 한 것도 그러한 이유에서이다.

KBO규약은 제41조 [규제선수]에서 선수가 계약서의 조항 혹은 본규약을 위반하여 '총재'에 의해 자격정지 등 규제를 받은 경우에는 어느 구단에 있어서도 참가활동을 할 수 없다고 규정하고 있다. 제3항이 '자격정지'와 관련한 내용인데, "3. (자격정지선수 : Disqualified Player) 1 선수가 통일계약서 또는 제49조 [보류의 효력] 조항을 위반하였을 경우 소속구단은 총재에 게 그 선수를 자격정지선수로 신청할 수 있다. 2 전 항에 의해 자격정지선수로 신청된 선수는 총재에 의해 복귀조건부로 자격정지선수로 공시되며, 1일당 참가활동보수의 1/300에 해당하는 금액을 감액할 수 있다."라고 규정하고 있다.

따라서 선수에 대한 자격정지 제재는 소속구단의 신청에 따른 KBO총재의 공시가 있어야 하는 것이지 구단이 임의로 결정하여 집행할 수 있는 사항이 아니다. 자격정지 기간 동안 연봉지급이 중지되는 것도 과연 근거가 무엇인지 의아하다. KIA타이거즈가 내부적으로 사회적으로 물의를 일으킨 선수에 대해 자격정지 등의 제재를 내리도록 한 규정을 갖고 있다 하더라도 이는 KBO총재에 자격정지 등록 신청을 하도록 하는 내부 결정에 불과해야지 이를 근거로 윤완주 선수에 대해 자격정지 처분을 할 수는 없는 것이다.

알고 했든 모르고 했든 SNS에서 부적절한 표현을 한 윤완주 선수가 KBO 및 KIA타이거즈로부터 그에 따른 적절한 제재를 받을 수는 있다. 그렇다 하더라도 그에게 징계를 내리는 것은 KBO규약에 따라야지 이를 따르지 않는 것은 '법과 원칙'을 '무시'하는 '무식'한 짓이다.

8

박종환 감독의 '꿀밤'도 폭력은 폭력이다.

2014년 4월 프로축구구단 '성남FC'의 박종환 감독이 선수들에게 한 손찌검 사건이 화제(?)가 된 적이 있었다. 박 감독이 당시 성남 탄천종합운동장에서 가진 성균관대와의 연습경기에서 전반전이 끝난 뒤 성남FC의 미드필더 두 명의 선수의 얼굴에 손찌검을 한 사실이 성남FC 홈페이지 게시판에 올려진 글을 통해 알려졌는데, 박 감독이 두 선수의 안면을 수차례 때렸다는 것이다. 박 감독의 해명은 위 글과는 조금 다르다. 선수들이 경기력이 너무 좋지않아 훈계 차원에서 꿀밤을 한두대 때렸을 뿐 폭행 정도는 아니다라는 것이다.

진상조사를 했던 성남FC는 며칠 후 구단의 공식 입장을 다음과 같이 내놨다. "박종환 감독은 진상 조사를 통해 '해당 두 선수에 대한 신체적 접촉을 인정한다.'고 말했습니다. 그러면서 '해당 두 선수에게 사과했고, 재발 방지 약속을 했다.'

고 했습니다. 두 선수도 박 감독의 사과를 받아들였고, 이번 사건이 확산되는 걸 원치 않는다고 이야기했습니다. 박종환 감독은 '이번 일에 대한 구단의 제재 조치에 무조건 따르겠다.'고 말했습니다. 박종환 감독은 '물의를 일으켜 죄송하다. 이번 일로 선수단 사기가 떨어지지 않길 바란다. 대단히 송구스런 마음이다.'라고 했습니다. 구단은 박종환 감독에 대한 진상 조사 결과에 따라 박 감독에 대한 제재 조치를 빠른 시일내에 결정할 예정입니다."

지도자의 선수에 대한 손찌검, 폭력일까? 훈육일까?

성남FC의 공식 입장에도 불구하고 박 감독의 선수들에 대한 '신체적 접촉'에 관한 구체적인 사실은 밝혀지지 않았다. 과연 두 선수의 안면을 주먹으로 수 차례 때린 것인지, 아니면 박 감독의 주장처럼 꿀밤을 한 두대 때린 것인지 말이다. 이른바 '주먹론'과 '꿀밤론'의 진위 여부가 밝혀지지 않았다. 아무튼 박 감독이 선수들의 신체인 얼굴에 손찌검이라는 유형력을 행사한 것은 사실로 밝혀졌다. 법적으론 박 감독의 손찌검이 주먹으로 한 것이든 꿀밤으로 한 것이든 형법상 '폭행죄'의 폭행행위에 해당한다.

우리 엘리트스포츠에서 지도자의 선수에 대한 손찌검 문제는 심심찮게 일어난다. 위 박감독의 손찌검 사태 며칠 전에는 루지 국가대표팀 지도자의 선수 폭행 여부에 관한 문제가 언론에 알려졌다. 지도자와 선수측의 주장은 조금 다르다. 지도자는 선수의 뺨을 때렸다는 것이고, 선수 측의 주장은 주먹으로 맞았다는 것이다. 여기서도 '주먹론'과 '꿀밤론'의 아류인 '손바닥론'의 다툼이 일어난다. 물론 주먹으로 얼굴을 때리든 손바닥으로 뺨을 때리든 형법상 '폭행죄'의 폭행행위에 해당한다.

우리 엘리트스포츠에서 지도자가 선수들에게 하는 이러한 손찌검을 그냥 지도자가 선수들에게 하는 일종의 '징계행위'로 봐야 할까? 지도자가 선수들을 가르치는 과정에서 발생할 수 있는 일상사(日常事)로 가볍게 넘어가야 할까? 그런데 과거와 달리 이제는 우리의 문화와 의식 수준이 선생님 또는 지도자의 학생 제자 또는 선수에 대한 징계의 정당성에 대한 포용심이 좁아졌고 심지어는 징계의 법적 타당성에 대해서 법원도 엄격한 잣대를 들이대고 있다는 점이 지도자들에게 손찌검에 대한 가치관의 재고를 요구하고 있다.

바뀐 폭력에 대한 문화의식을 따라야 하는 지도자의 노력이 필요

학교 선생님이 학생 제자들에 대해서 하는 교육적 체벌 내지 손찌검에 대해선 특별한 경우를 제외하고는 이른바 '사회상규에 반하지 않는 행위'로서 그 폭행의 위법성을 인정하지 않는 것이 사회와 사법부의 인정(人情)이다. 그러나 최근 사회와 사법부의 기류는 학교 선생님의 학생 제자에 대한 손찌검의 위법성 판단에 있어서 엄격한 법적 잣대를 들이대고 있다. 이의 부작용이랄까 학생들이 선생님한테 맞았다고 수사기관에 선생님을 고소하고, 학생 학부모들이 학교로 찾아와 자식을 때린 선생님에게 보복을 하곤 한다. 이러한 학생과 학부모의 행동이 옳은지 그른지 필자는 잘 모르겠다.

그런데 엘리트스포츠에서의 지도자의 선수에 대한 손찌검이 주먹으로 했든 꿀밤으로 했든 법적으로 엄격히 따지면 '사회상규에 반하지 않는 행위'로 위법성이 조각되기가 어려운 것이 사실이다. 지도자의 속마음이 선수가 잘되라고 한 것이라도 달라질 순 없다. 그리고 사실 지도자의 손찌검을 막아야 할 실제적 필요성이 있다. 바로 선수는 '몸'이 재산(?)인데 손찌검은 자칫하면 선수의 몸에 부상을 입힐 수 있고 심한 경우에는 선수 활동에 치명상이라는 결과를 안겨 줄 수 있기 때문이다. 그동안 몇 사건이 이를 입증하지 않던가. 또한 스포츠는 장비를 사용하는 경우가 많아서 지도자가 손찌검을 하는 과정에서 흥분하면 주위의 장비(야구에 있어서는 야구 배트, 필드하키에서는 스틱, 생각만 해도 아찔하다)를 사용할 수 있어서 대형사고(?)로 이어질 수 있기 때문이다. 같은 폭행이라도 주먹으로 하는 것은 단순폭행이지만 야구 배트나 스틱은 형법상 '특수폭행죄'가 성립될 수 있는 '위험한 물건'에 해당되기 때문에 지도자는 가중처벌 될 수 있다.

이러한 지도자의 선수에 대한 손찌검이 일어나는 원인을 극소수 지도자의 인격 내지 도덕 의식의 문제 또는 지도자들의 선수들에 대한 지나친 훈육에 대한 과욕에서 빚어진 개인적 일탈로 보든 아니면 지도자를 둘러싼 선수들 훈육 손찌검 가치관의 문제로 보든, 세상이 바뀌고 인권에 대한 사회와 사람들의 의식이 높아진 이제는 그러한 손찌검은 도덕적 문제가 아닌 법적 문제가 된다. 이러한 반폭력 문화를 지도자가 따르지 못한다면 이는 일종의 '문화지체'일 뿐이다. 그 문화를 따라가기 위한 노력이 필요하다. 그것이 엘리트스포츠를 위해서도, 자신을 위해서도 필요하다.

제 3 장

스포츠와 정치

스포츠에 대한 대중의 관심과 참여는
스포츠의 정치적 속성을 가져왔으며,
그로 인한 스포츠와 정치의 결합은
순기능과 역기능을 함께 가지고 있다.

제 3 장 프롤로그

스포츠와 정치의 결합에서 뚜렷한 현상은 정치가 스포츠에 개입하거나 부당하게 영향력을 행사하려는 것과 정치적 목적 하에 스포츠를 이용하는 것이다. 국내에서 스포츠의 정치적 속성은 지방자치제와 정치의 역할 및 수요의 증대라는 시대적 환경에서 또 다른 스포츠의 정치적 역기능 내지 부정적 연관성을 드러낼 사건 이슈들을 만들어내고 있다. 그러한 스포츠의 정치화 현상이 비단 우리만의 문제는 아니지만 우리의 정치 문화·의식의 수준에 비추어 본 때 스포츠의 정치적 독립성과 자율성을 고양하고 유지하기 위해선 정치권과 스포츠계의 노력이 절실히 요구된다.

스포츠와 정치는 완전히 분리되어야 하고 정치는 스포츠에 개입하거나 정치적 목적으로 스포츠를 이용하지 않아야 한다는 것이 스포츠와 정치의 관계에 대한 이념적 명제이다. 국제올림픽위원회(IOC)와 국제축구연맹(FIFA) 등 국제스포츠단체는 헌장이나 정관에 그와 같은 스포츠와 정치의 분리를 선언하고 있고[3], 대한체육회(KOC)와 대한축구협회(KFA)도 정관이나 규정에 정치적 중립성을 명시하고 있다[4].

그러나 현실에서는 과연 그러한 스포츠와 정치의 분리라는 가치가 지켜지고 있을까? 지금까지 우리가 목격해온 바에 따르면 그러하지 못한 것이 엄연한 사실이다. 스포츠의 정치적 속성을 보여주는 여러 사건 또는 사태들이 있었다. 1979년의 구 소련의 아프카니스탄 침공에 항의하기 위하여 미국 등 서방 자유진영의 국가들이 1980년 모스크바 하계올림픽에 불참하고 이에 대한 보복으로 소련 및 공산 국가들이

---

3) OLYMPIC CHARTER
2 Mission and role of the IOC
The mission of the IOC is to promote Olympism throughout the world and to lead the lympic Movement. The IOC's role is: 10. to oppose any political or commercial abuse of sport and athletes;

4) 대한체육회 정관 제5조(사업) ④ 체육회는 자율성을 유지하여야 하며, 올림픽헌장의 준수를 저해할 수 있는 정치적, 법적, 종교적 또는 경제적 압력을 비롯한 어떠한 압력에도 굴하여서는 아니 된다.

1984년 LA 하계올림픽에 불참한 사실, 1970년 축구월드컵 본선을 위한 1969년 엘살바도르와 온두라스의 남미예선전에서 벌어진 시비가 기폭제가 되어 양국간에 발생한 5일간의 전쟁, 동독 등 과거 동구권 국가들이 올림픽 등 국제대회에서 자국 선수들이 더 좋은 성적을 올리도록 국가적 차원에서 선수들의 도핑을 했었던 일 들은 스포츠의 정치적 역기능을 보여준다.

반대로 스포츠가 정치적으로 순기능을 한 경우들도 있다. 국민들이 올림픽이나 축구월드컵 때 자국 대표팀과 선수들을 응원하고 환호하는 모습을 보면 국가에 대한 충성심을 고양하고 국민적 일체감을 조성한다. 1988년 서울 하계올림픽을 통해 한국이 공산권 국가 등 미수교 국가들과 수교 등 관계를 개선했던 사실, 1971년 당시 중공의 미국의 탁구 국가대표팀 초청과 1972년 미국의 중공 탁구 국가대표팀 초청으로 인한 상호 방문 및 경기 개최가 두 나라의 외교관계 정상화의 계기가 된 일, 2000년 시드니 하계올림픽 개막식에서 한반도기를 든 남북한 대표단의 동시입장이 2000년 남북정상회담과 함께 남북한 관계 개선에 영향이 미친 일들은 스포츠가 외교수단으로서 역할을 한 경우다.

국내 스포츠도 여러 사건과 이슈를 통해 스포츠와 정치의 결합을 보여줬다. 국내 스포츠와 성치의 결합에서 뚜렷한 현상은 정치가 스포츠에 개입하거나 부당하게 영향력을 행사하려는 것과 정치적 목적 하에 스포츠를 이용한 것이다. 1982년 당시 전두환 정권이 주도한 프로야구의 출범은 스포츠에 대한 정치개입의 대표적인 예라 할 수 있다. 2008년 이명박 정부가 들어선 이후에 노무현 정부 시절 회장선거에 의해 취임한 대한체육회장이 정부와의 갈등 속에 베이징올림픽을 바로 앞두고 사퇴한 일은 정치가 스포츠에 대하여 부당하게 영향력을 행사한 결과였다.

민주주의 제도·문화의 발전과 국민의식의 고양으로 과거처럼 정치가 노골적으로 스포츠에 개입하거나 스포츠를 이용하는 것은 어렵겠지만 스포츠의 정치적 속성은 지방자치제와 정치의 역할 및 수요의 증대라는 시대적 환경에서 또 다른 스포츠의 정치적 역기능 내지 부정적 연관성을 드러낼 사건 이슈들을 만들어내고 있다.

1
시·도민구단 대표 선임, 시·도단체장의 결정 또는 시·도단체의 정치에 휘둘려

시 · 도단체장을 뽑는 지방선거의 결과에 따라 웃고 우는 사람은 선거에서 맞붙었던 후보자뿐만이 아니다. 선거에서 후보자 당선을 위해 열심히 앞에서 선거운동하거나 뒤에서 도운 사람들도 선거 결과에 따라서 웃고 운다. 모든 사람들이 그러하지 않겠지만 자신의 후보자가 선거에서 이겨 시 · 도단체장이 된다면 시 · 도단체장이 직접 인사권을 행사할 수 있는 자리나 인사에 영향을 미칠 수 있는 자리에 오를 수 있는 가능성을 기대한 사람의 입장에서는 더욱 그러할 것이다.

시 · 도단체장 선거의 결과에 따라 그 운명이 걸린 자리들이 스포츠에도 있다. 다름 아닌 지방자치단체가 주인인 이른바 프로축구 '시 · 도민구단'의 대표이사다. 인천광역시(인천유나이티드 FC), 대전광역시(대전 시티즌), 경상남도(경남 FC), 강원도(강원

FC), 성남시(성남 FC) 등이 주인인 프로축구 구단들이 대표적 '시민구단'이다. 지방자치단체장이 구단주인 시·도민구단들은 구단의 지방자치단체에 대한 재정적·정치적 예속(?)으로 인하여 구단의 대표이사 선임 등 구단운영에 있어서 구단주의 결정에 따를 수밖에 없는 것이 현실이다.

지방자치단체장과 그 운명을 같이 하는 시·도민구단 대표이사 자리의 정치성

지난 2010년과 2014년 지방선거 등 지방자치단체장를 뽑는 선거결과에 따라 단체장이 교체된 지방자치단체의 선거 이후 시·도민구단들의 대표이사가 교체되는 과정에서 우리는 그 정치적 논란을 지켜봤다. 특히 정권교체가 이루어진 지방자치단체의 경우 새로운 단체장 사람으로 시·도민구단 대표이사가 취임되는 과정에서 불거진 혼란은 시·도민구단의 운영에도 적잖은 악영향을 끼쳤다.

2011년 새로운 강원도지사 취임 후에 벌어진 프로축구 구단 '강원 FC' 대표이사 교체 논란은 시·도민구단 대표이사 자리의 정치성을 여실히 보여줬다. 당시 새로운 도지사와 구단 대표이사의 갈등으로 촉발된 구단 대표이사의 사퇴와 새로운 도지사와 이전 단체장 시절 하에 구성된 이사회와의 갈등이 더하면서 새로운 대표이사를 선임하는 이사회가 몇 차례 공전 끝에 새로운 대표이사가 취임했다. 그 영향 탓이라고 단정할 수 없지만 그 해 '강원 FC'는 2부리그(K리그 챌린지)로 강등되었다. 시 · 도민구단의 대표이사들로서는 정치적 논란에도 불구하고 진심으로 시 · 도민구단을 성공적으로 운영하고 싶은 마음이 있겠지만 이를 뒷받침해 주지 않는 현실이 원망스러울지도 모르겠다.

시 · 도민구단만의 문제가 아니겠지만 해당 스포츠종목과 구단 경영에 대한 능력을 갖춘 사람이 구단의 대표이사가 된다면 모르겠지만 자치단체장의 정치적 결정에 따라 누구나 인정할 수 있는 전문가가 아닌 자신과 가까운 사람을 '낙하산'식으로 대표이사 자리에 앉게 한다면 구단 운영에 있어서 문제가 발생할 수 있다. 대전시가 대주주인 프로축구 구단 '대전시티즌'이 수년간 대전시장이 바뀜에 따라 대표이사가 교체되고 정치적 논란에 휩싸이는 등 외적 요인에 의해서 구단 운영의 정상화가 이루어지지 않고 성적도 추락하는 경우를 하나의 예로 들 수 있다. 2014년 초에 공개채용 절차를 거쳐 주인이 통일교의 (약칭)통일재단에서 성남시로 바뀐 프로 축구 구단 '성남 FC'의 대표이사에 취임해 1년간 성남 FC를 이끌었던 신문선 교수(전 명지대 교수)도 기회있을 때마다 지자체장이 구단을 정치적으로 이용하려고 해서는 안 된다. 정치적으로 중립을 지키면서 외압을 견디고 확고한 경영철학을 가진 전문가가 구단 경영을 맡아야 한다고 주장하고 있다.

정치적 영향 감수하더라도 시·도민구단 대표 자리에 적정한 인물이 앉아야 한다

그런데 어떤 사람들은 오히려 정권교체가 이루어진 경우에는 새로운 정권세력과 '코드'를 같이하는 사람이 정부 또는 지방자치단체의 영향을 받을 수밖에 없는 스포츠단체나 시·도민구단의 단체장·대표이사 자리에 앉는 것이 당연하다고 주장한다. 오히려 정부·지방자치단체와 단체장·대표이사 사이에 괜한 갈등을 불러일으키지 않고 정부·지방자치단체의 지원을 받을 수 있어 단체·구단 운영에 플러스가 될 것이라고 한다. 일견 타당한 의견일 수 있다. 현실을 애써 무시하고 이상에 목매는 것도 어리석다고 할 수 있다.

그러나 그러한 현실을 무시할 순 없어 지방선거의 결과에 따라 단체장이 교체가 되고 따라서 시·도민구단 대표이사 자리에 새로운 사람이 앉는 것을 용인한다 하더라도 새로운 대표이사가 최소한의 필요한 능력과 마인드를 갖추어야 하지 않을까? 자신 편에 있는 사람이라 하더라도 그 자리에 맞는 전문가 또는 적격자를 뽑아 쓴다면 모르지만 우리의 정치문화가 그 정도 수준에 있는지 회의적인 상황에서 그러한 의견은 시기상조이다. 일부 시·도민구단에서는 대표이사를 공개모집의 형식으로 뽑고 있지만 공모는 형식뿐이고 사실상 내정된 사람을 뽑는 절차에 불과하다면 이는 시·도민구단의 정상화에 아무런 도움을 주지 못할 것이다.

2
정치권의 지나친 개입은 스포츠의 자율성을 침해할 수 있다.

2012년과 2013년 당시 한국배구연맹(KOVO)의 흥국생명 여자프로배구단 소속 김연경 선수의 국제이적과 관련하여 논란이 있던 적이 있었다. 2012년 선수가 소속구단의 동의 없이 임의로 터키구단과 선수계약을 체결하였는데 KOVO와 소속구단은 규정상 선수는 해외구단과 자유로이 선수계약을 맺을 수 있는 이른바 '자유계약선수(FA)'신분이 아니므로 선수계약은 무효라며 국제이적동의서 발급을 거절하였고 이에 선수측과 팬들은 KOVO와 소속구단을 비난했다. 이후 런던올림픽을 앞둔 상황이라 런던올림픽 때가지 잠시 소강상태에 있다가 런던올림픽 후 서로의 주장을 굽히지 않았고 갈등을 키웠다. 급기야 국회에서까지 선수의 해외이적 문제를 다뤘다. 몇 명의 국회의원이 선수, 선수의 부보와 함께 국회에서 기자회견을 갖고 김연경 선수는 억울한 피해자이고 소속구단과 KOVO는 부당하게 선수의 권익을 침해한 자라며 김연경 선수의 요구를 들어주라고 요구하고 심지어 국정감사장에서 관련자들에게 질책을 하였다. 결국 문화체육관광부, 대한체육회, 대한배구협회, KOVO 등 관련단체 관계자들이 모인 자리에서 KOVO와 소속구단의 반대에도 불구하고 일단 국제이적동의서는 발급하기로 결정하여 선수가 '미아'가 되는 신세를 면하게 되었다.

FA 취득여부는 스포츠의 자율성에 관한 사항…
정치권의 지나친 개입은 삼가야

스포츠계의 운영, 의사결정 및 제도가 선수의 기본권을 부당하게 침해하거나 국가적·사회적인 부정적 영향을 끼치게 한다면 당연히 선수, 국민 또는 정치권과 정부는 이의 시정을 요구할 수 있고 소송 등 법적 절차에 따라 시정할 수 있다. 그러나 어느 한 쪽의 주장만이 당연하게 인정받지 않고 논란이 있을 뿐 아니라 선수의 현행 규정의 위반 문제가 제기되는 경우에는 좀 더 냉정하고 합리적인 접근이 필요하다.

특히 선수의 FA제도는 전체 프로배구의 선수계약 시스템과 관련된 것으로서 FA자격 취득 여부는 KOVO의 FA관련 규정에 따라 판단할 문제다.

선수 측은 자유계약선수임을 주장하고 소속구단은 아직 자유계약선수 신분이 아닌 자신의 소속선수라고 주장하는데, 사태의 본질이자 근본적인 쟁점은 과연 선수가 해외구단과 자유로이 선수계약을 맺을 수 있는 '자유계약선수(FA)' 신분인지 여부이다. 결국 이 문제는 국제배구연맹(FIVB)과 KOVO 관련규정에 근거하여 판단하면 될 일이었다. 국내 관련규정인 KOVO '자유계약선수(여자부)관리규정'에 의하면, 국내 정규리그 6시즌을 경과한 선수는 FA선수가 되는 자격을 취득한다(제3조). 따라서 당시 국내 정규리그 6시즌을 채우지 못한(해외구단으로의 임대기간은 규정상 6시즌에 포함되지 않는다) 선수는 위 국내규정상으로는 FA선수 신분을 취득하지 못하였다. 한편 FIVB의 관련규정('sports regulations')은 선수의 FA자격 요건 등 선수의 등록 및 신분에 관한 것은 FIVB의 규정에 저촉되지 않는 조건으로 회원국의 규정에 따르도록 되어있다(45.1.2.). 그런데 FA자격 취득에 관한 구체적인 조건에 대하여는 규정하지 않고 있다. 결국 FIVB 회원국 배구선수의 FA자격 취득은 회원국 '로컬 룰'에 의하여 판단되어야 하는데, 그렇다면 선수는 국내 규정상 FA자격을 취득하지 못한 것이 사실이었다.

현행 규정에 어긋나게 예외적으로 김연경 선수에게 국제이적동의서를 발급하라고 주장하는 것은 프로스포츠의 근간인 선수계약 전체 시스템을 망가뜨리고 다른 선수들과의 형평성 문제 등 더 큰 혼란을 불러일으킬 뿐이다. 스포츠, 특히 프로스포츠는 원칙적으로 정치권과 정부가 관여할 수 없는 민간 영역이다. 프로스포츠는 그 운영과 의사결정을 스스로의 규칙과 절차에 따라 행하여지는 것이며 내부의 갈등과 문제는 원칙적으로 자치적으로 내부 법규와 절차에 따라 해결하는 것이다. 국제올림픽위원회(IOC), 국제축구연맹(FIFA) 등 세계 스포츠단체들도 정관 등에서 이러한 점을 명시하고 스포츠단체의 운영과 의사결정에 정치로부터의 독립 및 간섭 금지에 관하여 규정하고 있다. 또한 우리나라뿐 아니라 외국 사법부도 스포츠단체의 내부적인 분쟁 사항에 대해서는 사법적 판단을 자제하기도 한다.

그런 측면에서 위 김연경 선수와 관련한 논란에서 일부 국회의원이 KOVO와 소속구단에게 국제이적동의서의 발급을 요구하고 이에 따라 문화체육관광부, 대한체육회, 대한배구협회 등 관련단체 관계자들이 모인 자리에서 KOVO와 소속구단의 반대에도 불구하고 국제이적동의서를 발급하도록 하는 것은 정치권과 정부 등 외부가 지나치게 스포츠단체의 운영과 의사결정에 간섭한 바람직하지 못한 것이다. KOVO의 규정과 절차에 따라 결정하여야 할 사항에 대하여 정치권이 정치적 힘을 내세워 사실상 강제하는 것은 지나친 월권이자 스포츠계의 자율성을 무시하고 일부 국민의 관심을 정치적으로 이용하는 행위로 볼 수 있다.

올림픽 금메달 기준 10대 스포츠강국이고 여러 프로스포츠를 통하여 우리에게 즐거움과 감동을 선사하는 우리 스포츠계가 위상에 걸 맞는 선진화된 제도를 갖추어야 하는 것은 당연한 일이지만 그렇다고 하여 정치권이 지나치게 간섭하여 스포츠의 자율성이라는 가치를 훼손하는 것은 스포츠계의 자율적 해결 능력을 감소시킬 뿐 아니라 관련자들에게 자신의 목적을 달성하기 위해서는 법과 절차에 따르지 않고 정치적인 수단으로 문제를 해결하려는 잘못된 의식을 심어줄 수 있음을 주의하여야 한다.

3

인천아시아드주경기장·알펜시아리조트, 제2의 '월미은하레일'이 될까?

2014 축구월드컵 개최를 앞두고 브라질의 상파울루, 리우데자네이루 등 주요 도시에서 수십만 명의 젊은이들이 거리로 나와 시위를 하며 "2014 축구월드컵과 2016 리우데자네이루 올림픽에 쏟아 붓는 엄청난 돈을 보건과 교육에 투자하라."고 외쳤다. 세계에서 경제적 불평등이 가장 심한 나라 중의 하나인 브라질이 두 국제대회 준비를 위해 투입하는 전체 예산이 약 500억 레알(26조 원)에 달하여 그 만큼 사회복지 예산 및 정책에 나쁜 영향을 주고 있다는 것이다. 아직도 브라질 국민 대다수의 소원이 아플 때 병원에 가서 치료를 받고 자식을 괜찮은 학교에 보내는 것이라고 하는데 그런 그들에게 축구월드컵과 올림픽 개최가 생활의 실질적 변화를 가져다주지 않는다고 판단한 것이다.

1988 서울하계올림픽을 개최하고 2002 한일축구월드컵을 공동개최했던 우리나라에서도 당시 두 대회 개최에 반대했던 목소리도 있었지만 국격을 높여주고 엄청난 국제적 홍보효과 및 경제적 효과를 가져다줄 것이라는 정부와 스포츠계, 미디어의 선전과 대다수 국민들의 환호에 밀려 전혀 주목을 받지 못했다. 아마 브라질과 같은 시위가 있었다면 정부와 스포츠계, 국제대회 개최에 찬성한 국민들은 시위에 참가하거나 그들을 옹호한 사람들을 싸잡아 비난했을 것이다.

2011 대구세계육상선수권대회, 2014 인천아시안게임 및 2018 평창동계올림픽 유치 및 개최를 추진하면서 내세운 명분 내지 이유 중의 하나가 위에서 말한 경제적 효과이다. 대외적으로 공표된 2011 대구세계육상선수권대회 경제적 파급효과는 생산유발효과 5조5천400억 원, 고용유발효과 6만2천338명, 부가가치유발효과 2조3천174억 원(「대구세계육상선수권대회의 경제적 효과와 발전과제」, 대구경북연구원, 2007.), 2014 인천아시안게임 개최지인 인천시 지역 경제효과는 생산유발효과 10조6천175억 원, 부가가치 유발효과 4조4천239억 원, 고용유발효과 20만1천 명(「2014 인천 아시아경기대회의 경제적 파급효과와 타당성 분석」, 대외경제정책연구원, 2006.), 2018 평창동계올림픽의 경제적 파급효과는 총생산액 유발효과 20조4천973억 원, 부가가치 유발액 8조7천546억 원, 고용창출효과 23만여 명(「2018 평창동계올림

픽 개최 타당성 조사보고서」, 산업연구원, 2008.)이다.

과연 이러한 경제적 파급효과의 수치는 손에 잡히는 것일까? 이러한 수치는 그 산출의 근거가 모호하고 산정의 방식도 애매하며 가상의 항목도 상당하여 객관적 신빙성에 논란이 있어 왔다. 일부에서는 좀 더 냉정하게 말하여 뜬구름 잡는 얘기라고 한다. 2011 세계육상선수권대회를 개최했던 대구시 지역경제가 대회 후 위 수치에 상응하는 경제동향을 보여 주었다는 소식을 들어보지 못했다. 더군다나 위 경제적 파급효과 수치도 뻥튀기 논란에 빠져 그야말로 신빙성이 없었다.

한국관광문화연구원 「관광통계자료」에 의하면 대구광역시 관광지 방문객 중 외국인 숫자가 2010년 98,611명, 2011년 106,028명, 2012년 98,529명이다. 위 통계를 보면 세계육상선수권대회 개최 다음해인 2012년 외국인 관광객 숫자가 개최해인 2011년뿐 아니라 이전인 2010년보다 적다는 사실을 알 수 있다. 이러한 통계는 국제대회 유치가 외국인 관광객의 증가를 담보하지 않는다는 것을 보여준다. 오히려 명분으로 삼은 경제적 효과는 고사하고 국제대회 유치 및 개최에 든 비용과 경기장 등 시설의 건축 및 관리 비용으로 인한 재정적 부담과 경기장의 사후 활용방안의 막연함은 개최지 시도의 재정에 악영향을 끼치고 있다.

2014 아시안게임 개최 인천시, 2018 올림픽 개최 강원도… 상당한 재정적 부담 안아

대표적인 사례가 2014 아시안게임 주경기장인 '인천아시아드주경기장'이다. 인천시 남구에 있는 '문학종합경기장'을 잘 손보면 아시안게임을 치르는데 아무런 문제가 없음에도 2009년 6월 당시 안상수 시장의 인천시는 제대로 사전 검토도 없이 국비지원을 한 푼도 받지 않겠다는 조건으로 정부로부터 인천아시아드주경기장 건설계획을 승인받았다. 그런데 나음 해인 2010년 6월 지방선거에서 당선된 당시 송영길 시장의 인천시는 시 재정여건상 경기장 건설비 3,200억여 원, 토지보상비 1,700억여 원, 총 4,900억여 원의 사업비 부담은 문제가 있다고 판단해 인천아시아드주경기장 건립 계획을 재검토하고 기존 문학종합경기장의 증축 방안을 고민하였다.

그러자 인천아시아드주경기장 건립지역인 서구의 주민들, 지역 국회의원, 시·도의원 등의 정치인들, 일부 체육계 관련 인사들은 '아시안게임의 성공적 개최와 서구 지역의 발전'을 위해서는 인천아시아드주경기장은 반드시 필요하다며 이러한 인천시의 입장을 반대하고 인천아시아드주경기장을 예정대로 건설하라는 집회를 여는 등 송영길 시장과 인천시를 압박하였다. 그들은 다음 지방선거에서 재선되어야 하는 송영길 시장 측에 자신들의 '표'를 '당근' 겸 '채찍'으로 과시하였다는 얘기도 있었다. 결국 정치인 송영길 시장은 그들의 압력에 굴복, 기존 계획대로 인천아시아드주경기장을 건설하기로 하였다. 이로써 인천시는 올림픽대회 메인스타디움으로도 손색없는 종합경기장을 두 개나 갖는 최초의 지자체가 되었다.

최근 인천시가 인천아시아드주경기장의 수익시설을 설치해 운영할 사업자를 선정했다는 소식이 있었는데, '인천아시아드주경기장'이 인천아시안게임의 자랑스런 유산이 될지 아니면 '월미은하레일' 같은 애물단지가 될지 지금으로서는 알 수 없다. 인천시가 계획한 대로 경기장 내 상업시설 개발 및 임대가 잘 이루어져 사업비 이자 상환에도 문제없고 유지관리비의 부담도 별 문제가 되지 않을지 여부는 이후 지켜볼 일이다. 만약 인천아시아드주경기장 건립 비용의 문제가 해소되지 않아 이로 인해 인천시 재정에 어려움이 생기고 인천시민의 복지비용의 감소 심지어 비용 분담의 문제가 발생하다면, '인천아시아드주경기장'은 제2의 '월미은하레일'이 될 것이다.

2018 평창동계올림픽 개최지인 강원도의 사정도 비슷하다. 전 김진선 평창동계올림픽조직위원회 위원장이 강원도지사

재임 당시에 평창동계올림픽 유치를 위해 2004년부터 강원도개발공사로 하여금 1조6,836억 원 규모의 사업비를 들여 시행한 알펜시아 리조트 건설·분양 사업의 문제가 대표적이다. 강원도와 강원도개발공사가 평창동계올림픽 유치를 위해 무리하게 사업을 추진하는 것이 아니냐는 우려와 함께 사전 타당성 검토의 부실 문제를 안고 시작한 알펜시아 리조트 사업은 2006년 두 번째 올림픽 유치에 실패하면서 무리하게 설계 변경한 문제가 드러났고, 심지어는 알펜시아 리조트와 관련하여 강원도개발공사 관계자들의 부정비리 논란까지 불거졌었다.

이러한 문제를 안고 태어난 알펜시아 리조트가 그나마 분양이 계획대로 이루어졌으면 이른바 '산고(産苦)의 보람'이 있었을 것이다. 그러나 2010년 5월 준공한 이후에 분양이 제대로 이루어지지 않았고 이로 인해 2012년 말 기준으로 강원도개발공사의 부채는 9천199억 원, 이자지급액만 451억 원에 달하고 하루 이자만 1억여 원에 이르러 강원도개발공사는 파산직전에 몰려 있다. 더 심각한 것은 위 알펜시아 및 강원도개발공사의 재정문제로 인하여 강원도도 재정압박을 받고 있어 결과적으로 강원도 예산 운영에 심각한 문제를 일으키고 다른 분야의 재정에 큰 영향을 미치고 있다는 사실이다.

정치에 의해 독단적으로 결정되는 것이 아니라 시·도민의 공감 속에 엄격한 사전 조사와 검토를 거쳐 유치·개최돼야

지방자치제도가 시행된 이후에 두드러지게 나타난 현상 중의 하나가 지방자치단체들이 경쟁적으로 국제대회와 축제를 유치하고 개최한다는 점이다. 그런데 문제는 이러한 국제대회의 유치 및 개최가 시 · 도민의 동의를 얻지 않거나 제대로 된 동의 절차를 거치지 않고 소수의 정치권력에 의해 이뤄진다는 것이다. 스포츠의 대중적 관심을 이용하여 정치적 권력을 강화 내지 보상받고 정치적 업적을 과시하기 위한 정치적 의도가 국제대회를 유치하고 개최하는 주된 동기의 하나라고 봐도 무방하다. 지방자치단체들이 국제대회 효과와 관련하여 내세우는 또 하나가 도시 인지도 제고 및 브랜드 가치 상승과 관광객 증가이지만 그러한 효과에 대한 제대로된 연구 내지 분석없이 대회 후 경제적 부담을 애써 무시한 사정을 보면 그러한 이유는 말 그대로 명분에 불과한 것을 알 수 있다.

물론 이러한 국제대회 유치 효과가 한계가 있다고 해서

정부 또는 지방자치단체가 국제대회를 유치하지 말라는 뜻은 아니다. 국제대회 유치 및 개최가 우리에게 눈에 보이지 않는 긍정적 효과를 주는 것도 사실이고 그 효과가 한계가 있다고 하더라도 의미가 있을 수 있다. 다만 상당한 행정적·재정적 자원이 들어가는 국제대회 유치 및 개최라는 점을 고려하여 국제대회 유치·개최의 손익을 꼼꼼히 계산하고 기왕이면 단순히 국제대회 개최에 그치는 것이 아니라 장기적 관점에서 전략적으로 국제대회와 연계한 마케팅 방안과 시설 활용 방안도 제대로 마련하고 그러한 점들이 객관적으로 확인되었을 때 국제대회 유치를 추진하는 것이 옳다.

국제대회 유치 및 개최에 대한 엄격한 사전 검토 및 사후 평가가 있어야 한다. 인천아시아드주경기장 건설, 평창 알펜시아 리조트 분양 사업의 문제의 근원에는 그 사업 준비 및 결정 과정에서 객관적이고 중립적인 사전 평가가 이루어지지 않고 엄중한 사후 평가를 통해 책임을 물을 수 있는 제도가 없다는 점이다. 그러한 엄격한 사전·사후 평가제도가 없기 때문에 결과 내지 성과에 대한 두려움 없이 사업이 일방적으로 무리하게 추진되는 것이다. 국제대회 유치 및 개최와 관련하여 국제경기대회 지원법과 동법 시행령, 국제행사의 유치개최 등에 관한 규정, 문화체육관광부 국제행사의 유치·개최에 관한 규정 등의 행정규칙이 있고 위 관련 법령은 유치신청, 타당성 조사, 심의, 유치승인, 지원, 사후평가 등 단계별 관련 제도를 두고 있지만 위 관련 법령상 타당성 조사와 사후 평가에 있어서 이에 대한 감사와 부실에 대하여 책임을 묻는 제도가 필요하다.

또한 언론을 활용한 일방적인 선전 홍보로 국제대회 유치·개최에 대한 시·도민의 여론을 조작하지 말고 객관적인 연구 조사 자료를 제공하고 공개적인 절차를 통해 폭 넓은 시·도민의 공감을 얻는 노력이 있어야 한다. 수년 전 스위스에서도 2022 동계올림픽 유치와 관련한 사회적 논란이 있었다. 개최 후보지인 '생 모리츠(St. Moritz)'의 자연환경 보존과 관련하여 동계올림픽 개최가 생 모리츠의 자연환경에 해를 끼칠 위험이 있다고 하는 일부 여론이 있었고 이로 말미암아 동계올림픽 유치 찬반논란이 있었던 것이다. 그들은 이러한 논란의 해결책으로 유치 찬반 주민투표를 하기로 하였고 결국 올해 초 생 모리츠가 속해 있는 그라우뷘덴 주(州)의 주민투표 결과 유치 반대의견이 더 많아 2022 동계올림픽 유치 계획을 포기하였다.

4

프로축구구단 '성남FC'는 '경기장은 정치적 중립의 공간' 가치를 훼손

2016년 5월 말경 프로축구구단 성남FC가 경기장 내외에서 한 정부의 지방재정개편에 대한 반대 활동을 두고 논란이 일었던 적이 있었다. 정부의 지방재정개편안에 대해 성남시 등 경기도 6개 지방자치단체가 강한 반대 입장을 보이고 있는데, 성남FC 구단이 5월 28일 탄천종합운동장에서 열린 인천유나이티드와의 경기에서 관중들에게 지방재정개편를 반대하는 내용의 유인물을 나눠주고 서명운동을 했다. 그날 경기에서 "성남 FC는 이제 축구 못합니까? PLZ SAVE SFC!"라고 적힌 대형 걸개를 걸고 경기했고, 디지털 A보드에는 "성남FC는 축구 못합니다. 성남FC는 선수 보강 못합니다. 성남FC는 경기장 환경 개선 못합니다."라는 문구를 노출시키기도 했다. 5월 31일에는 탄천종합운동장 앞 광장에서 성남FC 선수단과 팬 등 200명이 참석하여 지방재정개편안 철회를 요구하는 자체 설명회를 가졌고, 김두현 선수가 선수단 대표로 지방재정개편안 철회를 촉구하는 결의문을 낭독하기도 했다.

이러한 성남FC의 지방재정개편 반대 활동에 대해 일부에서는 그 목적과 성격이 '정치적'이어서 프로축구연맹 규정 위반의 소지가 있고, 구단주인 이재명 성남시장과 성남FC에 대하여 책임을 물어야 한다고 주장한다. 반대편에서는 지방재정개편안이 그대로 시행될 경우에 성남FC가 성남시로부터 받고 있는 지원금의 상당한 금액이 삭감될 수도 있다며 구단 존폐가 달린 문제이므로 책임을 질 사안이 아니라고 한다.

스포츠의 정치화를 막는 원칙이 바로 스포츠의 정치적 중립성… 경기장은 정치적 중립 공간

성남FC의 지방재정개편 반대 활동에 대한 논란은 바로 스포츠와 정치의 관계에 관하여 오랫동안 제기되고 있는 '스포츠와 정치의 결합' 또는 '스포츠의 정치화' 문제에 관한 것이다. 스포츠가 문화의 하나로서 인식되고 산업적으로 발전하는 과정에서 스포츠와 정치의 연관성에 대한 사건 · 이슈들이 생기면서 스포츠계는 둘의 관계에 대한 고민을 했다. 특히 스포츠에 대한 대중의 관심을 이용한 정치의 스포츠 개입 또는 스포츠의 정치 관여라는 현상('스포츠의 정치화'라고 부른다) 속에서 그 역기능 내지 문제가 드러나면서 스포츠계는 하나의 원칙을 만들었다. 바로 스포츠의 '정치적 중립성'이다. 스포츠는 정치적으로 중립을 지키며 스포츠에 대한 정치 개입과 스포츠의 정치 관여를 배격한다는 것이다.

국제올림픽위원회(IOC), 국제축구연맹(FIFA) 등 국제스포츠단체와 대한체육회, 대한축구협회, 프로축구연맹 등 국내스포츠단체가 정관이나 규정에서 단체와 소속 구성원의 정치적 중립성을 명시하고 이를 위반한 행위에 대해서 징계를 내릴 수 있도록 하고 있다. 이는 스포츠의 정치적 관여 및 개입은 스포츠의 본질과 가치에 위배되고 정치적 반대 세력에 의해 스포츠가 피해를 입거나 압박을 받을 수 있는 위험성을 사전에 방지하기 위한 것이다.

스포츠의 정치적 중립성을 위한 구체적 가치의 하나가 바로 경기장은 '정치적 중립'의 공간이라는 점이다. IOC, FIFA 등 국제스포츠단체와 대한체육회, 대한축구협회 등 국내스포츠단체가 경기장의 정치적 중립 공간이라는 가치를 위해 경기 전후 및 경기 중, 경기장에서는 일체의 정치적 언동을 금지하고 이를 위반하는 경우에 책임을 묻는다. 프로축구연맹도 상벌규정 별표 '유형별 징계기준' 제9항에서 정치적 언동을 징계사유로 정하고 이를 한 구단, 선수 등 구성원에 대한 징계를 규정하고 있다.

성남FC의 국가적 차원의 지방재정개편에 대한 반대 활동은 금지되는 정치적 언동에 해당

성남FC와 그 입장을 옹호하는 측에서는 성남FC의 이번 지방재정개편 반대 활동이 구단의 존폐가 걸린 문제에 대한 의사표시이므로 정치적 언동이 아니라고 주장한다. 그런데 정치적 언동인지 여부는 언동을 하는 자의 입장에서 판단하는 것이 아니라 제3자의 입장 내지 객관적 기준에서 판단한다. 지난 2012 런던올림픽 남자축구 3~4위전 경기 종료 후 우리 박종우 선수가 우리로선 당연한 '독도는 우리 땅'이라는 내용의 플래카드를 들었던 행위에 대하여 국제올림픽위원회(IOC)와 국제축구연맹(FIFA)가 정치적 중립성을 규정한 IOC헌장과 경기전후 선수의 정치적 언행을 금지하는 IOC와 FIFA

의 관련 규정을 위반하였다는 이유로 징계를 내렸던 사실과 지난 2007년 중국 창춘에서 열렸던 동계아시안게임의 쇼트트랙 여자 5,000m 계주 경기에서 은메달을 딴 한국팀이 시상대에서 '백두산은 우리 땅'이라는 문구의 용지를 들고 올라섰던 사건에서 중국 측이 중국 인민의 감정을 해치고 올림픽헌장 정신과 아시아올림픽평의회 규정을 위반한 것이라고 공식 항의하고 중국 외교부도 외교적으로 문제를 삼았으나 우리 측이 재발방지를 약속하며 사태를 마무리했던 사실은 이를 말해준다.

지방재정개편은 성남시에만 적용되는 사안이 아니고 국가적 측면의 지방재정 일반의 사항이다. 성남시 등 일부 지방자치단체는 반대하지만 이를 찬성하는 지방자치단체들도 엄연히 존재한다. 관련 지방자치단체의 이해가 대립되고 있는 국가적 차원의 문제로 논쟁을 통해 해결해야 할 정치적 사안이다. 인권과 같은 보편적 내용이 아닌 정치적 사안에서 어느 한쪽의 입장을 대변하는 언동은 제3자의 시각에서는 정치적 언동이 아닐 수 없다. 성남시에 불리한 지방재정개편이 바로 성남FC의 존폐로 연결된다고 보는 것도 무리지만 그럴 가능성이 있다고 하더라도 그 주장은 성남FC의 재정에 어려움이 있으므로 국가적 차원의 지방재정개편 문제를 그만둬야 한다는 주장이나 마찬가지여서 제3자의 시각에서는 받아들이기 어렵다.

성남시가 성남FC의 오너이고 연간 수십억 원의 지원금을 교부한다고 하더라도 성남FC는 성남시와 별개인 독립된 법인(주식회사)이다. 성남FC는 프로축구연맹의 구성원으로서 프로축구연맹이 정한 정치적 중립성을 지켜야 한다. 그렇다면 성남FC의 존폐가 걸린 문제여서 반대의 입장에 있고 그 입장을 표시하려면 구단의 정치적 중립성을 해치지 않고 규정이 허용하는 범위 내에서 해야 한다. 분명한 것은 성남FC가 직접 했든 제3자가 하는 것을 승인했든 경기장에서 지방재정개편을 반대하는 의사를 표시하는 걸개를 설치하고 유인물을 관중에 나눠주고 서명을 받는 것은 '경기장은 정치적 중립의 공간'이어야 하는 가치를 어긴 것이다.

5
'홍준표' 경남FC 해체 발언은 법·원칙 무시한 월권

2014년 12월 홍준표 경남도지사가 자신이 구단주로 있는 프로축구단 '경남FC'와 관련하여 내놓은 얘기들이 '화제(?)'를 불러일으킨 적이 있다. 홍준표 경남도지사 및 경남FC 구단주(이하 '구단주')가 자신의 페이스북에 '소신'있는 여러 글을 올렸다. 성남FC 구단주 이재명 성남시장의 심판 편파성 문제 제기에 대한 프로축구연맹의 징계 움직임을 비난하면서 "홈팀 이점이라는 것은 응원에 있는 것이 아니라 심판 판정에 있음을 온 국민이 다 알고 있는데, 이를 개선할 조치는 취하지 않고 야구에서 시행하는 비디오 판정을 축구에 도입해야 함에도 그것에 대해 일언반구도 없다. 프로축구 승부조작 사건이 터진 지 얼마 되지 않았는데도 이를 막을 제도적 장치를 마련하지 않고 있다."고 프로축구연맹을 질타한 글은 많은 축구팬들의 '공감(共感)'을 얻기도 했다.

그런데 2014년도 프로축구 K리그 클래식 정규리그 성적에 따라 '경남FC'는 2015년도에는 프로축구 2부리그인 'K리그 챌린지'로 강등되었는데, 강등과 관련한 홍준표 구단주의 '한탄'이 적지 않은 축구팬들의 '공감'이 아닌 '공분(公憤)'을 샀다. 2014년 K리그 승강 플레이오프 경남FC 대 광주FC 경기를 앞두고 "지난 2년 동안 경남FC 구단주를 하면서 주말마다 심한 스트레스에 시달렸다. 시민구단의 한계를 절감하면서 한해 130억원에 달하는 예산을 마련하는데 어려움을 겪었다. 2부 리그로 강등이 되면 경남FC는 스폰서도 없어지고, 팀을 더 이상 운영할 수 없다."고 한 그의 글은 어쩌면 지자체 구단의 어려운 현실을 토로하는 '하소연'이라고 할 수 있었다.

경남FC는 엄연한 독립적 주식회사, 구단주 마음대로 해체할 수 없는 것이 법과 원칙

그러나 홍준표 구단주가 그즈음 도청 회의실에서 가진 간부회의에서 경남FC에 대해 "특별감사 후 팀 해체를 결정하겠다."고 한 말은 법과 원칙을 무시한 월권이었다. 홍준표 구단주는 지난 2년 간 그렇게 많은 예산을 확보해 주고 단 한 번도 간섭하지 않았고 지역 기업 등에게 구걸하다시피 돈을 얻어다 주고 했는데 프로 근성이 없다며 구단 임직원의 책임을 거론하면서 "프로는 과정이 필요 없고 결과만이 중요하다. 결과가 나쁘면 모든 것이 나쁜 것이다. 이것이 아마추어와 차이. 감사 결과 경남FC가 존속해야 할 것으로 결정되면 앞으로 어떻게 운영할지, 아니면 전격 해체할 것인지 그때 가서 결정하겠다."고 말했다.

홍준표 구단주의 구단에 대한 질책은 어느 정도 공감이 간다. 같은 지자체로서 성남FC, 광주FC, 대전FC 등은 당시 1부리그 'K리그 클래식'에서 뛰는데, 다른 지자체 구단보다 못하지 않은 지원을 해줬는데 결과가 그러하니 구단 임직원 및 선수들에 대한 실망이 적지 않았을 것이다. 더군다나 내가 보기에도 광주FC와의 플레이오프 경기에서 보여준 경남FC의 무기력한 플레이는 실망스러웠다. 2부리그 강등은 경남FC 사장과 감독, 코치 등의 리더십 부재 때문이라며 "모두 사표를 받아라."고 지시한 홍준표 구단주의 심정은 이해할 수 있다.

그러나 구단 해체의 문제는 별개이고 구단 해체는 법과 원칙에 따라 해결해야 할 문제이다. 경남FC는 상법상 '주식회사'로서 홍준표 구단주와는 별개인 독립된 법인격체이다.

주식회사로서 경남FC의 해체(상법상 '해산'을 의미한다)는 정관과 상법에서 정한 규정 및 원칙에 따라 이루어지는 것이다. 구단주 마음대로 해체하고 말 것이 아니다. 경남FC의 사실상 주인인 경남도의 도지사라해도 구단의 해체 여부를 좌지우지할 수 없는 것이 법과 원칙이다.

현재 경남FC의 주주관계를 보면 경남도체육회가 최대주주로서 지분율은 58.92%이다. 나머지 주주는 소액주주로서 39,376명(경남도민 및 기업)이 41.08%의 지분을 가지고 있다. 그런데 상법상 주식회사의 해산은 합병, 파산, 법원의 명령 또는 판결 이외에 주주총회의 해산 결의로 이루어질 수 있는데, 해산결의는 주주총회 출석한 주주의 의결권의 3분의 2이상의 수와 발행주식총수의 3분의 1이상의 수로써 하여야 한다(상법 제518조, 제434조). 경남도지사의 뜻을 거스를 수 없는 경남도체육회가 경남FC의 해산을 결정하였다 하더라도 주주의결권의 3분의 2이상을 갖지 못한 경남도체육회로만으로는 나머지 주주들이 반대하는 한 경남FC 해산결의를 할 수 없는 것이다.

이러한 법규정을 떠나서도 경남FC을 탄생시킨 경남도민과 기업들인 주주들은 안중에도 두지 않는 듯 한 홍준표 구단주의 독단적인 해체 관련 발언은 경남FC 독립과 주주 자율이라는 원칙에도 명백히 위반되는 것이었다. 검사와 변호사로서 일평생을 살아온 홍준표 구단주가 이렇듯 법과 원칙을 무시하는 듯 한 발언을 하였다는 것이 놀라웠다.

제 4 장

스포츠와 마케팅 (스포츠마케팅)

스포츠마케팅이란 대중이 스포츠에 대한 관심과 참여를 기반으로 하여 스포츠에 관한 상품과 서비스를 생산, 판매, 유통하고 스포츠를 통하여 상품과 서비스를 판매 촉진하고 기업 이미지를 제고하는 계획적인 활동이다.

제 4 장
프롤로그

스포츠경기에 대한 대중의 관심과 미디어 매체의 발전은 스포츠경기의 교환가치를 생산하고 스포츠경기라는 콘텐츠의 경제적 가치를 증대하였고, 스포츠경기 관람과 선수의 유명도를 이용하여 상품·서비스의 판매촉진과 기업 이미지를 제고하려는 기업의 마케팅 활동을 촉진시켰다.

스포츠 활동에 참여하는 인구의 증가는 스포츠 용품과 서비스 시장의 확대를 가져왔고 스포츠 용품과 서비스 공급자 간 시장의 경쟁을 촉진하여 기업이 스포츠마케팅 활동을 강화하도록 만들었다.

일반적으로 스포츠마케팅은 두 유형으로 구분된다. 스포츠 자체를 마케팅하는 것('스포츠의 마케팅'이라고 한다. marketing of sports)과 스포츠를 마케팅의 매체로 활용하는 것('스포츠를 통한 마케팅'이라고 한다. marketing through sports)이다. 전자는 스포츠 용품이나 서비스를 생산하여 소비자에게 제공함에 있어서의 마케팅으로 프로스포츠 단체가 프로스포츠 경기의 중계권을 방송사에 판매하고 입장권을 관중에게 판매하는 것이 하나의 예다. 후자는 스포츠를 상품이나 서비스 판매 촉진 수단으로 활용하는 데 있어서의 마케팅으로 스포츠 스타를 모델로 하는 광고를 내보내거나 경기장의 광고를 통해 상품이나 기업을 홍보하는 것이 예다.

스포츠마케팅의 장점은 무엇일까? 바로 스포츠라고 하는 세계적으로 통용되는 콘텐츠를 대상으로 하거나 매개로 하기 때문에 지역이나 국가의 마케팅, 특히 홍보나 광고의 영역을 쉽게 확대할 수 있다는 것이다. 세계적으로 인기있는 스포츠 경기의 스폰서가 된다면 세계 TV 화면에 기업이나 상품이 브랜드가 노출된다. 소비자인 대중들에 대한 접촉이 자연스럽게 지속적으로 이뤄진다는 점도 스포츠마케팅의 매력이다. 스포츠 스타의 스폰서가 되면 그에 대한 관심 또는 인기에

힘입어 대중들에게 자연스럽게 기업의 이미지가 각인되고 스타성이 계속된다면 그 효과도 지속된다.

스포츠마케팅의 대표적 사례를 꼽자면 국제올림픽위원회(IOC)의 올림픽 마케팅이라고 할 수 있다. 1980년대부터 국제올림픽위원회(IOC)는 올림픽 마케팅을 본격적으로 준비하기 시작해 1984년 LA 하계올림픽을 통해 시동을 걸었고 1988년의 서울올림픽부터 본격적인 올림픽 마케팅을 하게 되었다. 국제올림픽위원회(IOC)는 올림픽 대회 TV중계권 판매, 스폰서십 판매, 입장권 판매, 상품화권 사업 등 올림픽마케팅으로 상당한 수입을 거둬들였다.

Olympic Marketing Revenue : The Past Five Quadrenniums*

Source	1993 - 1996	1997 - 2000	2001 - 2004	2005 - 2008	2009 - 2012
Broadcast	1,251	1,845	2,232	2,570	3,850
TOP Programme	279	579	663	866	950
OGOC Domestic Sponsorship	534	655	796	1,555	1,838
Ticketing	451	625	411	274	1,238
Licensing	115	66	87	185	170
Total	2,630	3,770	4,189	5,450	8,046

All figures in USD millions

** All figures in the chart above have been rounded to the nearest US$1 million.*
N.B. Does not include NOC domestic commercial programme revenues.

이를 반대로 해석하면 그 만큼 방송사, 기업들이 중계권, 스폰서십을 국제올림픽위원회(IOC)로부터 구매했다는 것이다. 위의 국제올림픽위원회(IOC)가 펴낸 자료('Olympic Marketing Fact File' 2014 edition)에 의하면 2009년~2012년 동안 국제올림픽위원회(IOC)가 중계권 판매 수입이 38억 달러가 넘었고, 올림픽 마케팅 수입 총액이 80억 달러가 넘었다.

스포츠 스타를 활용한 마케팅도 활발하게 이뤄지고 있다. 영국 출신의 축구선수였던 데이비드 베컴은 탁월한 실력과 함께 출중한 외모 덕분에 전 세계적으로 많은 팬을 보유한 스포츠에서 최고의 스타성을 인정받고 있는 스타 중의 한 명이다. 미국 경제잡지 〈포브스〉에 의하면 광고 스폰서 수입 등을 포함한 추정 연수입이 2013년 한 해에만 5,060만 달러일 정도로 세계에서 가장 높은 소득을 올린 선수였다.

그러나 스포츠마케팅에 대한 부정적 측면도 무시될 수 없는 것이 사실이다. 스포츠마케팅의 경제적 측면에 너무 치우쳐 다른 중요한 가치가 훼손될 수 있는 우려도 제기되고 있다. 2012년 런던올림픽을 앞두고 국제올림픽위원회(IOC)가 'Dow Chemical Company'를 올림픽 공식 스폰서(Partner)로 받아들였는데, 이에 대하여 환경 및 인권 관련 단체들은 거

세계 비난했다. 1984년 인도 마디아프레디시 주 보팔(Bhopal) 지역에서 발생해 2259명의 사망자를 발생하게 한 '카바이드' 공장에서의 가스 누출 사고에 책임이 있으며, 인종차별, 뇌물 사건 등 많은 문제를 갖고 있는 'Dow'가 올림픽 스폰서가 되어서는 안 된다며 반대운동을 펼쳤으나, 국제올림픽위원회(IOC)는 'Dow'를 옹호하며 올림픽 스폰서십 계약을 맺었다.

1
우사인 볼트에게 '푸마'아닌 육상화를 강제로 착용케 한다면?

세계 육상 100미터 최강자 우사인 볼트(자메이카)는 올림픽, 세계육상선수권대회와 같은 국제대회에서 항상 '푸마' 브랜드(제조사)의 육상화를 신고 경기에 나선다. 우사인 볼트가 푸마 육상화를 신고 경기에 나서는 이유는 푸마가 자메이카 육상 국가대표팀 후원사이자 우사인 볼트의 후원사이기도 한 관계이기 때문이다. 우사인 볼트라면 마음만 먹으면 더 좋은 후원조건의 브랜드를 선택할 수 있겠지만 지금까지 푸마 육상화를 신는 이유는 다른 브랜드에 비해서 경기력을 발휘하는데 부족함을 느끼지 않기 때문일 것이다. 아무튼 우사인 볼트에 대한 관심과 인기 덕분에 푸마는 후원비용 지출 대비 엄청난 홍보효과를 얻고 있다.

그런데 만약에 국제육상연맹(IAAF)이 자신이 주최하는 세계육상선수권대회 등 육상대회에 참가하는 우사인 볼트에게 국제육상연맹(IAAF) 후원사(partner) 브랜드(현재는 아디다스이다)의 육상화를 신고 경기에 나서라고 하면 어떻게 될까? 국제육상연맹(IAAF)이 자신에게 상당한 금전적 지원을 하는 아디다스에 대한 반대급부로 국제육상연맹(IAAF) 주최 육상대회에 참가하는 모든 선수는 아디다스 브랜드의 육상화를 착용하여야 한다는 내부 규정을 만들어 시행할 수 있을까? 불가능한 얘기다. 불가능한 이유는 마케팅 측면과 법적 측면에서 선수에게 선수가 소속된 스포츠단체의 후원사 용품을 강제로 사용케 할 근거가 희박하기 때문이다.

우사인 볼트에게 푸마 아닌 아디다스 육상화 착용을 강제할 수 없는 이유는

그런데 그런 불가능한 사례가 실제 국내에 존재한다. 내가 인터뷰 한 한국방송공사(KBS) 1TV 2016년 2월 12일자 스포츠뉴스에 보도된 내용인데, 대한배드민턴협회는 배드민턴 국가대표선수들에게 협회 후원사의 라켓 사용을 강제하는 내부

규정을 시행하고 있다. 이에 따라 국가대표선수들은 국가대표 활동과 관련하여서는 후원사 라켓을 의무적으로 사용하고 있다.

스포츠에서 대한배드민턴협회와 같은 스포츠단체는 재정마련 등의 필요에 의해 재정지원을 하는 후원사를 유치하고 있다. 세상에 공짜는 없듯이 후원사는 재정지원에 대한 반대급부로 스포츠단체 및 소속 선수들과 관련한 마케팅 자산을 활용할 수 있는 권리를 요구한다. 종목단체는 이러한 후원사의 권리를 보장하기 위해 후원계약에서 후원사의 권리에 관한 사항을 정하고, 내부규정에서 이를 보증할 수 있는 내용을 마련한다. 현재 국내외 스포츠마케팅 실무상 스포츠단체 공식후원사 명칭을 사용할 수 있는 권리, 단체 마케팅 자산을 활용하여 광고 및 홍보할 수 있는 권리(선수들의 집합적 초상을 사용할 수 있는 권리가 대표적이다), 용품을 단체나 선수에게 제공할 수 있는 권리 등이 후원사의 주요 권리이다.

그런데 스포츠단체 후원사가 취급하는 브랜드 용품 중에서 의류가 아닌 신발, 라켓과 같은 장비용품을 단체 소속 선수에게 사용을 강제하는 경우는 거의 없다. 스포츠 용품 브랜드를 후원사로 유치한다고 하더라도 후원계약과 내부규정에서 소속 선수에게 의류가 아닌 신발, 라켓 등과 관련하여 서는 후원사 브랜드 사용을 강제하도록 하는 내용을 두지 않고 있다. 대신 선수에게 후원사 취급 장비용품을 제공할 수 있는 권리를 보장해 준다. 그러나 이는 제공에 그치는 것이지 사용 여부는 선수의 선택에 맡기고 있다.

국가대표에게 후원사 라켓 사용을 강제하는 배드민턴협회의 규정은 마케팅과 법적 측면에서 문제

이유는 몇 가지가 있다. 먼저 스포츠경기에서 장비용품은 승부와 경기력에 직접적인 영향을 미치기 때문이다. 선수들마다 브랜드의 선호도가 다르고 브랜드의 기능적 차이가 선수들에게 주는 의미가 다를 수 있다. 엘리트 선수가 아닌 동호인들도 개인적으로 선호하는 브랜드가 다른데, 엘리트 선수의 경우는 더 말할 필요가 없다. 선수가 개인적으로 줄곧 사용해왔던 브랜드의 장비용품이 아닌 협회 후원사의 장비용품을 사용하는 경우에 적응하는 문제도 있다.

장비용품은 선수들간 통일해야 할 요소가 아니라는 점에서도 협회 후원사의 것을 강제로 사용하게 할 근거가 부족하다. 국가대표로서 경기에 나서는 경우에 유니폼은 통일해야 할 필요가 있기 때문에 협회 또는 국가대표 후원사가 만든 국가대표 의류를 착용하여야 한다. 선수가 개인적으로 선호하는 브랜드 내지 디자인이 있다 하더라도 이를 허용할 수 없는 이유다. 그런데 운동화, 라켓 등의 장비용품은 선수들간에 반드시 통일해야 할 이유도 없고, 그럴 필요도 없다. 특히 선수 개인이 사용하는 장비용품의 브랜드 노출을 막을 수 있는 방안이 있음에도 무조건 협회 후원사 장비용품 사용을 강제하는 대한배드민턴협회의 처사는 지나친 것이다(실제 그러한 방안이 많이 활용되고 있다).

선수들의 개인적 마케팅 기회를 빼앗는 점에서도 문제가 될 수 있다. 국가대표와 같이 이른바 스타선수의 경우에는 그 유명도 덕분에 개인적으로 후원사를 유치할 수 있다. 특히 장비용품 브랜드의 경우에는 후원의 대가로 후원사 장비용품의 착용을 원한다. 선수가 후원사와의 후원계약을 원하는 경우에는 이러한 조건을 받아들인다. 자신의 선택에 따라 혜택을 받는 대신에 의무를 부담하기로 결정한다. 그러나 대한배드민턴협회의 경우에는 사정이 다르다. 후원계약의 당사자도 아니고 그 후원에 따른 직접적 혜택을 받지 않는 국가대표 선수 개인의 선택이 배제된 채 협회의 결정에 의해 사용을 강제한다면 단체 권한의 남용이다.

대한배드민턴협회가 후원계약과 관련한 스포츠마케팅 실무를 잘 몰랐거나 후원사 유치에 따른 재정적 지원 효과에 너무 욕심이 커 결과적으로 후원사에게 지나친 특혜를 준 것이고 국가대표 선수에겐 지나친 부담을 준 것이다. 만약 국가대표 선수가 국제대회 경기에서 패배한 이유로 라켓의 문제점을 든다면 대한배드민턴협회는 어떻게 할 것인가?

2
축구 한일전, 경기뿐 아니라 응원·해설에서도 패배

테니스 4대 메이저대회의 경기를 TV 중계를 통해 보면 세계적인 선수들의 멋진 플레이에 나도 모르게 탄성이 나온다. 그런데 거기에 더해 인상 깊은 장면들도 있는데, 바로 상대선수를 배려하고 존중하는 모습이다. 상대선수의 멋진 플레이가 나오면 엄지손가락을 치켜세우거나 박수를 쳐주는 모습을 흔히 볼 수 있다. 경기 전후의 인터뷰에서 상대선수에 대하여 긍정적인 멘트를 하고 있는 모습은 덤이다. 경기에서뿐 아니라 경기장 밖에서도 상대선수를 배려하고 인정하는 모습들을 보면 테니스가 '신사 스포츠'임을 알 수 있다.

이처럼 스포츠는 승부를 다투는 게임이지만 정해진 룰에 따라 정정당당하게 실력을 겨루는 점에서, 경기장 안팎에서 상대방을 존중하지 않거나 경기 이외의 이슈를 가지고 상대방을 자극하는 것은 스포츠의 본질에 맞지 않는다. 물론 국제대회에서 국가를 대표하여 경기를 하거나 감정적으로 껄끄러운 나라의 선수들과 경기를 하는 경우에는 사정은 조금 다를 수 있지만 그래도 상대선수나 팀에 대한 배려나 예의는 있어야 한다. 상대팀선수의 좋은 플레이에 박수를 쳐주진 못하더라도 비방이나 조롱은 하지 말아야 한다. 승리자뿐 아니라 패배자에게도 박수와 격려를 보내는 스포츠는 '싸움'이 아니기 때문이다.

축구 한일전 응원과 TV 해설에서 우리는 일본대표팀과 선수들에 대한 배려와 예의가 부족

그런 점에서 지난 1월 30일 '2016 아시아축구연맹(AFC) U-23 챔피언십' 결승전에서 우리는 경기 결과뿐 아니라 응원과 TV 해설에서도 일본에게 졌다고 볼 수 있다. 경기에서 한국과 일본의 대표팀 선수들은 열심히 뛰었기 때문에 이긴 일본 대표팀 선수단뿐 아니라 진 우리 대표팀 선수단도 박수를 받고 격려를 받아야 한다. 그러나 응원과 TV 해설은 달랐다. 과연 우리 응원과 TV 해설은 스포츠의 본질에 맞는 성숙한 모습을 보였는지 되돌아 보아야 한다.

대한축구협회는 이번 한일전을 앞두고 공식 SNS를 통해 응원구호 만들기 이벤트를 실시했는데, 일본은 '우리의 우승 JAPAN(자판)기'를 당선작으로 뽑았다. 국내 프로축구 K리그에서 축구팬들이 패배가 많은 팀을 자판기처럼 손쉽게 승점을 내준다는 의미에서 '승점 자판기'라고 조롱하곤 하는데, 이번 응원문구 공모에서 일본의 영문명인 '재팬(JAPAN)'을 '자판'으로 변형한 응원문구가 대한축구협회의 공식 응원문구가 된 것이다. 우리 국가대표팀을 응원하는 문구가 결국 일본 국가대표팀을 조롱하는 문구가 된 것이다. 개인적으로 일본 국가대표팀을 조롱하는 응원문구를 꼭 사용하여야 했는지 아쉬운 생각이지만, 뭐 보는 시각에 따라서는 웃어넘길 수도 있겠다 싶다.

그러나 문화방송(MBC) TV 중계 해설진의 해설 행태는 달리 봐야 한다. 명색이 공중파 TV 중계방송에서 수 차례 일본대표팀 선수의 이름을 가지고 희화화하고 낄낄거리며 웃는 모습은 눈에 거슬렸다. 방송에서 나오지 않는다면 무슨 상관이 있겠는가. 엄숙하게 해설을 할 필요도 없고 이왕이면 재미있게 해설을 하는 것이 좋겠지만 예능프로그램에서 출연자끼리 잡담하는 것처럼, 그것도 상대선수의 이름을 가지고 놀리는 모습은 해설의 품격을 떠나서 기본적인 예의와 배려가 없는 모습이었다. 만약 그 방송을 일본사람들이 봤다면 어떤 생각을 했을까 하니 얼굴이 화끈거렸다.

너무 심각하게 생각하는 거 아니냐 생각할 수 있지만 만약 일본축구협회에서 우리 대표팀을 조롱하는 응원문구를 선정해 사용하지 않았거나 일본 TV 방송사 해설에서 우리 선수들의 이름이나 외모를 가지고 놀리지 않았다면, 우리의 스포츠 응원 문화나 TV 중계해설이 일본에 비해 수준이 낮다는 점을 여실히 보여주는 것이라 자성하지 않을 수 없는 문제이다. 경기뿐 아니라 경기장 밖에서도 우리가 일본에게 패배한 꼴이다. 스포츠에서 응원과 TV 해설은 우리팀선수를 응원하고 격려하는 방식으로 해야지 상대팀선수를 조롱하고 비방하는 방식으로 해선 안 되는 이유다.

3
놀자판 월드컵 거리응원은 안되지만

2014년 여름 2014 브라질 축구월드컵 개막을 앞두고 월드컵 '길거리 응원전'이 어디서, 어떤 규모로 개최될 지가 사회적 관심사가 된 적이 있었다. 당시 4월에 발생한 '세월호 침몰'이라는 참사로 지역주민을 대상으로 월드컵 응원전을 열려던 전국 지방자치단체는 규모를 축소하거나 아예 계획을 철회했다. 서울시청 광장에 마련된 세월호 희생자 분향소로 인해 '붉은 악마'측은 월드컵 응원전의 '성지' 서울시청 광장이 아닌 광화문 광장에서 응원전을 펼쳤고 방송사 측에서 마련한 또 다른 응원전은 강남 코엑스 영동대로변에서 있었다.

야외에서 수 천, 수 만 명이 사람들이 모여 월드컵 경기를 보면서 음주가무와 함께 대~한민국을 외치는 것에 대해 일부에서는 집단적 스트레스 배설구(排泄口)의 역할에 지나지 않는다며 평가절하하기도 한다. 사실 그 동안 서울 주요 장소에서 열렸던 길거리 응원전은 기업, 방송사들이 스폰서 내지 주최자로 개최하고 초청가수 등 연예인이 공연하는 등 쇼 이벤트 성격이 강한 탓에 '놀자판'이 아니냐는 비난도 있었고 그로 인해 길거리 응원전 참가자들의 대표팀 응원의 '순수성'이 희석된 측면도 있었다. 그러나 많은 사람들은 이 길거리 응원전에 참여하기 위해 일부러 해외에서 오는 외국인이 있을 정도로 대한민국을 대표하는 이벤트 콘텐츠의 하나라고 여기고, 단 며칠이라도 계층과 세대를 아우르는 역할을 한다는 점에서 국민 단합의 매개체라고 높이 평가한다.

축구월드컵에서 길거리 응원전으로 불려지는 야외 집단 응원의 백미는 2002년 한일 월드컵 때이다. 홈 어드밴티지의 도움을 부인할 순 없지만 아무튼 대한민국 대표팀이 16강, 8강, 4강에 진출함으로써 전국 곳곳에선 자발적인 야외 집단 응원이 열렸고 십여만 명이 모인 서울시청 광장의 야외 집단 응원은 우리에게 새로운 경험과 감동을 주었다.

그러나 야외 집단 응원에 필수적으로 수반되는 '공중시청'은 당시에 축구월드컵 주최자인 국제축구연맹(FIFA)에게는 '고민거리'을 던져 주었다. 공중시청을 통하여 축구와 축구월드컵이 하나의 세계적 문화 콘텐츠로 발전한다는 점에서는 기쁜 일이었지만, 월드컵 방송중계권자 · 방송사 · 스폰서가 아닌 자들이 공중시청이 포함된 야외 집단 응원 이벤트를 개최하는 경우에는 월드컵 방송중계권자 · 방송사 및 스폰서의 이익에 저촉된다는 문제가 제기된 것이었다. 자칫하면 축구월드컵의 인기에 편승하는 '엠부시 마케팅(Ambush Marketing)'으로 변질될 수 있고 이는 법적 문제를 야기할 수 있었다.

FIFA의 공익적 명분을 위한 월드컵 길거리 응원 정책

그래서 FIFA는 2002 한 · 일월드컵 이후 2006 독일월드컵 때 공중시청에 대하여 일정한 가이드라인을 정하여 무분별하게 공중시청 이벤트가 열리지 않도록 하고 공중시청에 관한 FIFA의 관리 통제를 도모하고자 하였다. 원칙적으로 상업적 공중시청 이벤트(Commercial Public Viewing Event)는 FIFA의 허가(Licence)를 받도록 하였고, 허가에 대한 대가(Licence Fee)를 지불하도록 하였다. 허가를 받은 경우에는 이벤트 주최측은 술과 음식을 자유로이 판매할 수 있도록 하였다. 상업적 공중시청 이벤트 허가는 당시 2006 독일월드컵 중계권 마케팅 대행사가 담당하였는데 독일에서만 허가 건수가 170개에 달했다.

FIFA는 2007년부터 좀 더 구체화 한 공중시청 이벤트 관련 규정을 제정하여 시행하고 있지만 2006 독일월드컵 당시에는 구체적인 규정 내지 가이드라인이 제정되지 않아 상업적 공중시청 이벤트의 범위라든가 학교, 병원 등에서 학생, 환자들이 모여 경기를 시청하는 경우에도 FIFA의 허가를 받고 대가를 지불해야 하는지 여부의 논란이 이는 등 적지 않은 혼란이 있었다. 적지 않은 사람들과 네티즌은 FIFA가 야외 집단 응원 문화를 이해하지 못한다며 비난하였다.

심지어 2006 독일월드컵의 공중시청에 대한 FIFA의 정책이 언론을 통해 잘못 보도되면서 많은 사람들이 FIFA가 돈벌이에만 눈이 먼 것이 아니냐고 비난하기도 했다. 오히려 FIFA는 공중시청 이벤트 허가로 인한 수익을 자선프로그램(charity programme)에 기부하도록 정하여 2006 독일월드컵 때 공중시청 허가에 따른 수익 전액을 자선프로그램에 기부하였다. 2010 남아공월드컵 때도 마찬가지였다. 지난 2014 브라질월드컵도 그러하였다. 부자의 여유라고 해야 할까? FIFA의 허가 수익 전액 기부는 월드컵 공중시청 이벤트의 공익적 명분을 유지할 것이다.

이벤트보다는 문화로서의 월드컵 거리 응원전이라면 서울시청 광장도 가능

이처럼 FIFA는 나름 월드컵 스폰서 및 방송중계권자의 권리와의 갈등을 조정하면서 월드컵 공중시청을 수반하는 야외 집단 응원 문화의 건전한 발전을 도모하기 위한 정책과 월드컵 공중시청 이벤트가 세계적 공익에 기여하도록 자선프로그램을 도입 · 시행하고 있는데, 이에 비하면 야외 집단 응원의 창작자인 우리의 경우는 어떤가?

2010 남아공월드컵 당시 월드컵 집단 야외 응원 장소로 서울시청 광장을 두고 벌인 방송사, 관련 단체들 사이의 자리다툼, 다른 회사 · 단체가 주최하는 야외 집단 응원 이벤트보다 자신이 주최하는 야외 집단 응원 이벤트에 더 많은 사람을 모이도록 화려하게 치장하고 홍보하는 등 점점 확대되는 상업적 논리, 일부 참가자들의 지나친 홍보 관련 언행, 일부 참가자들의 음주가무 행태, 주요 월드컵 야외 집단 응원의 기업과 방송사 등 거대 자본의 주도를 보면 우리는 과연 올바르고 제대로 된 야외 집단 응원 문화를 만들어 가고 있는가 의문이 든다. 자발적인 응원 문화는 왜곡되었고 상업성 위주의 공중

시청 이벤트로 변질되었다고 말하면 지나친 평가일까?

이전의 시끌벅적한 야외 집단 응원을 생각하니 세월호 참사의 국민적 애도 분위기와 맞지 않는다는 이견이 있고 세월호 희생자 합동분향소가 있는 서울시청 광장이 야외 집단 응원 장소로 적절하지 않다는 반론이 제기됐던 것이다. 집단적·획일적인 고성방가의 응원 이벤트가 아닌 가족, 친구, 애인이 자리를 함께 하고 자유롭게 이야기를 나누면서 테블릿 PC, 스마트폰 등을 통해 경기를 보고 대표팀의 골인이나 멋진 장면에 박수와 환호를 보낸다면 당시 시국의 분위기에 맞지 않다고 볼 소지도 없고 세월호 희생자 유족들도 섭섭해하지 않았을 것이다.

4
'연예인 시구' 연출의 위험

경기가 개시되기 직전에 행해지는 축구의 시축(始蹴)과 야구의 시구(始球) 등의 세리머니는 이제는 경기에서 빼놓을 수 없는 이벤트가 되었다. 우리나라의 경우 대개 유명인들이 초청 내지 섭외되어 시축 또는 시구를 하게 되는데, 특히 프로야구의 인기 탓에 프로야구에서의 시구자 또는 시구하는 모습은 언론의 기사거리가 되고 인터넷상에서 관심과 화제의 대상이 되곤 한다.

2013년 10월 27일 잠실야구장에서 열린 프로야구 한국시리즈 삼성과 두산의 3차전 경기 개시 전에 박근혜 대통령이 예고없이 나타나 했던 시구에 대해 당시 많은 언론에서는 시구의 뒷얘기와 함께 패션에 대한 기사를 내보냈다. 네티즌 사이에서도 찬반 논란이 있었다. 정치적 입장에 따른 시각의 차이를 떠나서 박근혜 대통령의 시구는 프로야구계로서는 환영하고 감사할 일이다. 대통령이 프로야구가 열리는 야구장을 찾는 것 자체가 여러가지 측면에서 쉽지 않은 일이라는 점에서 박근혜 대통령의 시구는 프로야구계에 자긍심을 주고 팬들의 관심을 불러일으켰다. 다만 개인적으로 축구, 배구, 농구 등 다른 종목과의 형평성과 해당 단체의 시샘을 생각하여 박근혜 대통령께서 다른 종목 경기에서도 공을 잡는 모습을 보여주셨으면 좋겠다.

노출이나 홍보의 도구로 전락한 연예인 시구에 대한 논란

그런데 일부 언론과 여론은 유명인, 특히 연예인들이 프로야구의 시구자로 나서는 경향에 대해서 비판을 하거나 문제를 제기한다. 여러 신문에서 미국과 일본의 프로야구 시구의 유래를 말하고 미국 프로야구 메이저리그의 시구는 연예인이 아닌 특별한 '스토리'의 주인공인 일반인이 하는 경우가 많은 것과 비교하면서 우리 프로야구 시구의 '가벼움'을 얘기한다. 시구자로서 연예인의 비중이 지나치고 시구가 연예인의 노출이나 홍보의 기회로 전락했다고 비난하기도 한다.

반면에 연예인이 시구자로 나서는 것에 대해 무조건 나쁘게만 볼 필요는 없고 많은 사람들이 프로야구의 시구사로 연예인을 원하는 이유도 있기 때문이라고 하는 여론도 있다. 미국의 경우 야구 역사도 오래되었고 사람이 많아 '스토리'가 있는 사람을 찾기 쉬우나, 우리의 경우는 그렇지 않다는 주장도 있다. 살기 바쁘고 감동보다는 감정이 생길 일이 많은 우리 사회의 환경 탓일지도 모르고 '스토리'가 부족하거나 아니면 '스토리'에 관심이 없는 삭막한 우리의 마음 탓일지도 모르겠다.

아무튼 시구가 프로야구 경기에서 비중이 있는 행사가 된 만큼 이제는 우리도 시구의 의미를 진지하게 생각하고 구단도 시구자 선정에 있어서 고민을 하는 것이 필요하다고 생각한다. 연예인 쪽에서 먼저 시구 기회를 달라고 요청하면 쉽겠지만 매 경기 시구자를 선정하고 섭외하는 일이 구단으로서 쉽지 않은 일임은 분명하다. 그렇다고 연예인을 시구자로 선정하는 경우가 지나치게 많으면 시구는 그저 하나의 연출에 지나지 않는다. 연출에 쫓다 보면 우리가 왜 시구라는 세리머니를 해야 하는지를 망각하고 그저 시구의 말초적 이슈만을 쫓는 경향이 생길 수 있다.

나치의 저의를 망각하고 연출만을 위해 쫓은 올림픽 성화봉송

우리가 올림픽하면 떠올리는 행사 중의 하나인 '성화봉송(Olympic torch relay)'을 '불'이라는 의미도 있고 해서 불을 봉송하는 것이 뭐 대단하고 숭고한 의미가 있는 것으로 알고 있지만 사실은 올림픽에서의 성화봉송은 1936년 베를린올림픽 때부터 시작한 세리머니였다. 당시의 나치정권은 독일 게르만족(아리아인)의 선조가 그리스인이라는 것을 알리고 독일제국의 힘을 대내외에 과시하고자 그리스 올림피아에서 채화한 성화를 베를린 경기장까지 봉송하는 이벤트를 고안해 냈던 것이다. 혹자는 그리스로부터 베를린까지의 달리는 도로를 파악하기 위해 성화봉송을 이용했다고 한다.

이러한 정치·군사적 의의를 갖고 있는 성화봉송을 국제올림픽위원회(IOC)는 지금까지 올림픽의 주요 이벤트의 하나로 줄곧 시행하여 왔다. 올림픽 연출만을 생각하여 성화봉송의 의미를 망각하고 무의식적으로 이를 답습해 온 것이다.

위 올림픽 성화봉송의 어두운 역사를 시구와 관련하여 언급하는 것이 적절하지 않다고 생각할 수 있다. 세리머니의 의미를 망각하고 연출만을 생각하면 어느 순간 우리는 그 세리머니의 의미를 왜곡하고 전혀 다른 이벤트로 선락시킨다. 중·고등학교 졸업식에서 심심찮게 벌어지고 있는 졸업식 뒤풀이를 봐라. 그래도 졸업식 뒤풀이는 애들의 추억 만들기로 봐줄 수도 있다. 다만 스포츠에서의 세리머니의 의의에 대한 고민 없이 그저 연출만을 위해 가볍게 생각한다면 세리머니의 의의를 잊어버리고 나중에는 왜 이 세리머니를 해야 하는지를 망각하지 않을까 하는 마음에서 얘기한 것이다. 눈을 즐겁게 하는 시구보다는 마음을 즐겁게 하는 시구가 더 낫지 않을까 싶다.

5
메시, 호날두 축구화, ‘독’에 물들다.

군복무 중에 ‘전투화독’ 때문에 온 하반신에 큰 물집들이 생겨 고생한 적이 있었다. 경북 영천 소재 육군3사관학교에서 학사장교 후보생으로 오백리 행군을 한 적이 있는데, 행군 중에는 피곤해서인지 느끼지 못하다가 행군을 마치고 학교 막사로 들어와 전투복을 갈아 입으려는데 하반신에 생긴 물집들이 발견되어 일주일간 군병원에 입원해 치료를 받았다. 지금은 어떨지 모르겠지만 군복무를 했던 사람들은 전투화 표피에 있는 독성물질로 인해 발의 피부에 염증 같은 것이 생겨 고생한 경험이 있을 것이다. 인조가죽과 화학약품 처리로 인해 전투화 표피에 독성물질이 함유될 수밖에 없는 원인에 기인한 결과이다.

2014년 5월경 ‘전투화독’의 아픈 경험을 겪었던 나의 눈을 잡은 뉴스가 있었다. 국제환경단체 ‘그린피스’가 서울사무소에서 세계 3대 스포츠브랜드의 축구화, 유니폼, 골키퍼 장갑, 공 등 축구 제품에 대한 독성물질 조사결과를 발표한 것이다. 그린피스가 한국을 포함하여 전 세계 16개국 온라인을 비롯한 직영 매장이나 잘 알려진 스포츠용품 매장에서 구입한 나이키, 아디다스, 푸마(가나다순)의 총 33 제품을 구입하여 영국 엑스터 대학 소재 그린피스 연구소와 독일의 독립 공인 연구소들에 보내 독성물질을 조사한 것이다. 제품 중 20 제품은 유소년용으로 제조된 것이고, 축구화 중에는 이른바 메시 축구화, 호날두 축구화로 불리워지는 유명하고 잘 팔리는 축구화도 들어있었다.

메시, 호날두 축구화 등
세계 스포츠 브랜드 축구 용품에 독성물질 발견

조사결과는 충격이라고 할 수 있을지는 모르겠지만 결과를 보면 우리가 그냥 무시하고 넘어갈 수는 없었다. 조사결과는 한마디로 축구 용품에 제조공정으로 인해 섬유 및 가죽 제품에 나타나는 유해 화학 물질이 확인되었다는 것이다. 용품들에서 주로 과불화화합물(PFCs)과 노닐페놀 에톡시레이트(NPEs),

프탈레이트, 디메틸포름아미드(DMF)가 검출되었다. 이 유해 화학 물질은 제조생산 과정에서 물을 오염시킬 뿐 아니라, 제품에 그대로 남아 인체에 영향을 주고, 세탁 시 잔류물이 배출되어 2차적 환경 피해를 가져올 수 있다. 또 환경호르몬이라 불리는 일부 물질들은 암을 유발할 가능성이 있으며, 내분비계를 교란시켜 생식 및 면역계통에 악영향을 끼칠 수 있다.

당시 세계 스포츠이벤트 중의 하나인 2014 브라질월드컵을 바로 앞두고 축구용품의 독성물질을 조사하여 발표한 그린피스에 대하여 관련 스포츠 브랜드 기업들은 못마땅하게 생각했을지도 모르겠다. 그러나 그린피스가 이전부터 독성물질 제거(디톡스, Detox) 캠페인의 일환으로 여러 생필품들에 대한 독성물질을 조사하고 결과를 발표하면서 관련 업체들이 상황의 심각성과 긴급성을 인식토록 하고 이의 대안을 마련토록 촉구한 활동을 하여 왔고 이번에 축구 용품을 대상으로 조사한 것이 처음인 점에서 소비자로서는 고마워할 일이었다.

우리가 문제로 지적하여야 할 것은 이전 위 3대 스포츠브랜드의 운동복 및 의류 제품도 조사하여 왔는데 여러 유해화학 물질이 꾸준히 검출되었다는 것이다. 또한 우리가 주의할 점은 이번 축구 용품에서 검출된 유해 화학 물질의 함유

농도가 유립 내 일부국가에서 허용한 최대한도를 초과하고 있다는 것이다. 일부 유해 화학 물질에 대해서는 그 유해성이 우려됨에도 아무런 규제 내지 제한이 없다는 점도 문제이다.

그린피스의 전언에 따르면, 나이키와 아다다스는 3년 전 제품에서 독성물질을 제거하겠다고 약속하였는데 지금까지 어떠한 구체적 조치를 취하지 않았다는 것이다. 특히 소비자의 건강과 환경을 배려하는 마음이 있다면 충분히 제품생산과 제조과정에서 이러한 유해 화학 물질의 대안을 사용할 수 있음에도 이를 노력하지 않는 스포츠 브랜드의 태도는 세계 최고 선수들을 지원하면서 월드컵을 아름다운 축제로 만들고자 하는 모습과는 어울리지 않는다는 것이다.

기업과 사회의 책임에 맞는 유해 화학 물질 퇴치 노력이 있어야

스포츠 브랜드들은 제품 개발 및 홍보에 있어서의 주안점을 자신들 제품의 디자인과 함께 경량화·과학화를 내세우고 있다. 경량화·과학화는 이윤의 극대화를 목적으로 한 스포츠 브랜드에게 물리적으로 제품 제조생산·공정에서의 유해 화학 물질의 사용을 수반하게 한다. 어쩌면 경량화·과학화의 그늘이다. 유해 화학 물질을 사용하지 않았을 경우에 드는 제조비용의 증가는 제품가격의 상승을 초래해 소비자에겐 구입비용의 증가를 불러올 수도 있다.

그러나 지금은 기업은 인권과 환경이라는 가치 실현 및 확대에 기여해야 할 의무와 책임이 있다는 것이 경영의 룰로 인정되고 인정되어야 하는 시대이다. EU의 일부국가는 벌써 섬유, 신발 등에 함유하는 유해 화학 물질의 허용 한도 내지 기준치에 관한 규정을 제정하여 시행하고 있다. 이미 H&M, 자라, 발렌티노, 버버리 같은 세계적 브랜드 의류 회사는 그린피스의 디톡스 캠페인 참여를 확약했다고 한다. 물론 약속의 이행 정도는 나중에 확인하고 감독해야 할 것이다.

우리는 어떨까? 일부 제품에 함유되는 유해 화학 물질의 허용 기준치와 관련한 규정들이 있지만 스포츠 용품과 관련하여서는 미흡한 것이 현실이다. 아직까지 축구화를 신고 운동하다가 하반신에 물집이 생긴 일과 같이 이슈가 될 만한 일이 생기지 않아서 그런 것인지 우리의 스포츠 용품 독성물질 문제에 대한 무관심과 무지에서 비롯된 결과이다.

아이들에게 맨발로 축구공을 차게 할 수는 없는 이상 그런 규정들을 만드는 것은 '나쁜 규제'가 아니고 '좋은 규제'일 것이다. 그나저나 메시나 호날두는 자신들이 신는 축구화에 독성 물질이 있다는 사실을 알고는 있을까?

6
프로골퍼 등 스포츠스타에게 대학은 스폰서인가?

미국의 저명한 시사주간지 '타임'(Time)이 2010년 5월 10일 온라인에서 "대학 졸업장이 무엇인가?"(WHAT DIPLOMA?)라는 제목의 기사에서 대학을 중퇴(dropouts)한 유명인 10명(Top 10 College Dropouts)을 소개한 적이 있다. 빌 게이츠(Bill Gates), 스티브 잡스(Steve Jobs), 프랭크 로이드 라이트(Frank Lloyd Wright), 벅민스터 풀러(Buckminster Fuller), 제임스 카메론(James Cameron), 마크 주커버그(Mark Zuckerberg), 톰 행크스(Tom Hanks), 해리슨 포드(Harrison Ford), 레이디 가가(Lady Gaga), 마지막 인물이 타이거 우즈(Tiger Woods)이다.

세상과 담을 쌓고 사는 것이 아니라면 위 10명이 누구인지 모르는 사람은 없을 것이다. 성공의 척도는 사람마다 다르겠지만 위 기사는 '대학 졸업장을 받지 못한 가장 성공한 사람들'(the most successful people to never receive their sheepskins)로 위

10명을 꼽았다. 위 10명은 해당 분야에서 명성과 함께 부를 쌓았다. 대학졸업을 포기한 이유는 저마다 다르겠지만 필자로서는 그들이 성공한 이후에도 대학졸업장(학위)을 얻으려고 하지 않은 이유가 궁금하다. 하긴 위 사람들에게 대학졸업장이 무슨 필요가 있을까 싶기도 하다.

스탠포드대학을 중퇴한 타이거 우즈, 한국인이었으면 달랐을 것

위 거명된 10명 중에서 스포츠선수는 바로 '타이거 우즈'이다. 지금은 성적과 인기 측면에서 과거보다 '약세'에 있지만 그래도 여전히 세계 최고 프로골프 선수 중의 한 명으로 여겨지고 있다. 대학 입학 전에도 아마추어골프 선수로서 세계 남자 프로골프를 이끌 차세대 스타로 각광을 받았던 그가 고등학교 졸업 후 바로 프로 진출을 택하지 않고 스탠포드대학교 입학을 결정한 것이 당시 화제였던 기억이 있다. 그런데 스탠포드대학에서 경영학을 공부해 '기회비용'(opportunity cost)을 알게 된 탓일까? 2학년을 마치고 프로로 진출하면서 대학을 중퇴한다. 아마도 미국 대학이 학생선수에 대해서도 엄격한 학사관리를 하므로 프로선수 생활과 대학생활을 병행하기가 어려운 현실적 문제가 큰 이유였을 것으로 짐작이 간다.

타이거 우즈가 한국인으로서 여기서 대학을 다녔다면 사정은 확 달라졌을 것이다. 고등학교 졸업 전부터 대학들 간의 이른바 '스카웃' 전쟁이 엄청났을 것이다. 대학 입학 자체에 따른 여러 혜택 제공은 물론이고 입학과 동시에 프로 진출을 보장하였을 것이다. 프로 선수로서 훈련 및 대회 참가에 지장이 없게끔 수업 출석 및 시험에 대한 '면제'를 부여함으로써 입학과 동시에 졸업이 확정된 것이나 마찬가지였을 것이다. 타이거 우즈로서는 대학과 프로에서의 '기회비용'을 생각할 필요도 없고 생각할 이유도 없는 것이다.

'패치'와 맞바꾼 '졸업장', 스포츠스타는 대학의 마케팅 모델에 불과

우리는 국내외 프로골프 대회에서 대학생 신분인 선수가 착용하고 있는 의류나 휴대하고 있는 용품에 소속 대학의 로고를 부착한 모습을 심심찮게 목격할 수 있다. 지금 내노라하는 유명 남녀 프로골프 선수는 대개 대학 재학중이다. 그들이 자신이 적(籍)을 두고 있는 대학명이나 대학을 상징하는 로고가 새겨진 '패치'를 가슴 또는 팔에 부착하는 이유는 무엇일까? 학교를 사랑하는 마음에서일까. 아니면 입학 및 학적 관리에 있어서 주어진 '특혜'에 대한 '보답'일까. 아니면 대학과 선수 측의 '계약'사항일까.

일부에서 얘기하는 것처럼 프로골퍼가 대학에 입학한다고 해서 미리 학사관리가 부실할 것이라고 단정하는 것도 무리일 수 있다. 온라인 강의나 수업 대체 방안들이 마련되어 제대로 이행된다면 학사관리상 문제가 제기되지 않을 수도 있다. 그런데 현실은 그렇지 않다는 점에서 문제가 있는 것이다. 프로골프 대회 일정에 비추어 훈련 및 대회 참가로 인해 학칙에서 정한 학점 이수를 위한 최소 수업일수를 준수하기란 사실상 불가능하고, 마찬가지로 온라인 강의나 수업 대체 방안을 이행하기 어려운 것이 현실이다.

그럼에도 대학이 프로골프 선수 등 학생선수에게 대학 졸업장을 수여하는 것은 '후원'이나 다름없다. 선수활동으로 언론 등에 이름이 나오고 이름 옆에 소속 대학이 나오는 그 홍보의 대가가 졸업장이라고 하는 것이 지나친 표현이 아닐 것이다. 그렇다면 대학은 프로골프 선수의 재학 중 '스폰서'에 불과하다. 대학의 기능과 역할, 그리고 대학의 가치에 비추어 '스폰서'는 대학의 목적과 존재 이유와는 거리가 멀다. 우리가 타이거 우즈와 같은 '고졸' 내지 '대학중퇴'의 스타 프로골프 선수를 기대하는 것은 지금에선 무리일 수 있다. 그러나 가능한 일이기도 하다. 대학이 '스폰서'임을 포기한다면 말이다.

7

홍명보 감독, 축협은 세이프 '홍명보 광고'는 아웃

2014 브라질 축구월드컵 직후 16강 실패로 홍명보 감독의 경질 논란이 제기된 적이 있었다. 그런데 당시 대한축구협회(이하 '축협')는 홍명보 감독의 유임을 결정했었다. 2014 브라질 축구월드컵에서의 대표팀 16강 진출 실패 및 홍명보 감독의 '의리' 논란을 둘러싼 언론과 축구팬들의 책임 추궁에 대해 축협과 홍명보 감독은 '실패는 성공의 어머니'라고 자위하며 원래 감독계약 기간을 채우기로 한 것이었다. 그나저나 일본도 1무 2패의 성적으로 16강에 진출하지 못해 망정이지 만약 일본이 16강에 진출했다면 일본에 지고는 못사는 국민과 축구팬들이 축협에 넌시는 비난과 비판은 배가 되었을 것이다.

많은 국민과 축구팬들이 축협과 홍명보 감독에게 보내는 비난과 비판에 대해 홍명보 감독 유임을 결정하고 축협 누구도 책임을 지지 않는 축협의 처신은 일반 기업으로서는 도저히 생각할 수 없는 'CRM(customer relationship management 고객 관계 관리)'이다. 소비재 제품과 서비스를 생산하는 기업은 소비자의 자신 및 상품에 대한 반응 내지 평판에 민감하다. 특히 요즘은 기업들이 소비자의 이성보다는 감성에 더욱 중점을 두는 이른바 '감성 마케팅'에 주의하면서 소비자의 요구 내지 비판에 즉각 반응하고 그에 상응하는 조치를 취한다. 소비자의 감성적 비판의 타당성 여부를 떠나 소비자의 감성적 비판에 제대로 된 조치를 취하지 않은 기업이 상당하거나 회복하기 어려운 손해를 당한 사례를 우리는 보아왔다.

기업의 감성마케팅에 따른 홍명보 감독 모델 광고의 부침

이러한 기업의 '감성 마케팅'의 여파는 광고시장에서도 찾아볼 수 있다. 기업이 자신의 광고모델이 스캔들 또는 사건·사고로 대중에 대한 이미지·평판이 나빠지면 바로 해당 광고를 내리거나 모델을 교체하는 경우이다. '이미지 전이'의 긍정적 효과에 따라 유명스타의 이미지·평판을 기업 또는 상품의 홍보 내지 판매 촉진에 이용하기 위해 적지 않은 모델료를 지불하고 광고를 제작, TV 방송 등을 통해 광고를 내보내는데, 모델에 대한 대중의 부정적 이미지·평판은 '이미지 전이'의 부정적 효과로 바로 기업과 상품의 이미지·평판에 나쁜 영향을 미치고 이는 바로 판매에 불리한 작용을 하기 때문이다.

홍명보 감독이 선수 시절 월드컵 등 국제무대에서 보여준 활약상과 감독으로서 지난 런던올림픽에서 이룬 대표팀 동메달의 업적은 그의 성실한 이미지와 함께 그를 대한민국 축구의 '아이콘'으로 만들었다. 사실 이번 월드컵은 홍명보의, 홍명보를 위한, 홍명보에 의한 월드컵이라고 불러도 지나치지 않을 정도로 국민들이 홍명보 감독에게 거는 기대는 컸었다. 그러한 홍명보 감독에 대한 대중(국민, 축구팬)의 긍정적 이미지·평판과 월드컵 대표팀에서 차지하는 홍명보 감독의 마케팅적 비중에 비추어 기업들이 '축구 월드컵'이라는 최고의 마케팅 이슈에서 그를 광고모델로 섭외하고 모델로 선정한 것은 당연한 것이다.

삼성전자, 동화약품 등 몇 개 기업은 월드컵 개막 전부터 홍명보 감독을 모델로 내세운 TV 광고를 대대적으로 내보냈다. 특히 삼성전자로서는 국제축구연맹(FIFA)의 메인 파트너

(스폰서)가 아닌 관계로 브라질 축구월드컵 마케팅에 관한 한 '현대기아차', '코카콜라', '아디다스', '소니' 등 메인 파트너처럼 제휴마케팅을 할 수 없어 그 대안으로서 '스타'를 활용한 광고가 최상의 방안이었다. 그래서 삼성전자는 세계적으로는 모바일(스마트폰) 광고로 메시 등 세계적 축구스타를 내세운 광고를 제작·방영하였고 국내에선 홍명보 감독과 박태환, 이상화, 김연아 선수를 함께 출연시킨 광고를 제작·방영한 것이었다. 이른바 '빅모델' 전략이었다.

그런데 당시 월드컵 벨기에 전을 끝으로 삼성전자, 동화약품 등 홍명보 감독을 모델로 한 광고는 더 이상 TV에서 나오지 않았다. 홍명보 감독에 대한 급격하게 나빠진 대중(국민, 축구팬)의 이미지를 고려하여 기업 측에서 광고를 내리기로 결정했기 때문일 것으로 본다. 오히려 홍명보 감독의 이미지 추락의 영향이 기업 브랜드 및 제품의 명성에 미치는 것을 걱정할 판이었을 것이다. 16강 진출에 실패하였다 하더라도 이처럼 홍명보 감독에 대한 이미지가 나쁘지 않았다면 남은 광고모델 계약기간 동안 광고를 계속 내보내려 하였을 것이다. 내 생각으로는 삼성전자는 16강 진출에 성공하는 경우와 실패하는 경우를 염두에 두고 그에 맞는 컨셉의 광고를 제작

하였을 것이다. 그나저나 홍명보 감독이나 홍명보 감독을 광고모델로 기용한 기업에게 2014 브라질 축구월드컵은 마케팅 측면에선 쓰라인 기억으로 남을 것이다.

제 5 장

스포츠와 윤리 (스포츠윤리)

스포츠윤리는 경기장뿐 아니라 경기자 밖에서 일어나는 여러 현상이나 문제에 대한 가치 판단의 근거이자 정당성에 대한 보편타당한 기준이다.

제 5 장
프롤로그

현대사회에 있어서 제도와 문화로서 역할과 기능을 하고 있는 스포츠도 본질적으로 도덕성과 윤리의 문제에 영향을 받을 수밖에 없고, 경기장뿐 아니라 경기장 밖에서도 윤리의 가치를 따라야 한다. 승부조작, 도핑, 불법도박 등 스포츠와 직접 관련 있는 반도덕적·반윤리적 문제가 계속 발생하고 있고 갈수록 산업화·고도화 되어가는 스포츠에서 이러한 문제의 심각성은 더 커질 것으로 보이므로 스포츠 윤리가 가지는 의미와 가치는 더욱 중요하다.

스포츠의 본질적 가치는 규칙에 따르는 페어플레이이다. 경기에서 맞서는 상대방과 동일하게 적용되는 규칙하에 공명정대한 방법으로 승부를 겨루는 것이다. 그런 측면에서 스포츠경기에 참가하는 인간의 행위는 윤리와 도덕의 문제와 관련된다. 따라서 스포츠는 단순한 신체적 활동 내지 승부를 다투는 게임으로만 볼 수 없고 개인의 윤리의식을 높이는 사회적 제도라고 볼 수 있다.

현대사회에 들어와서 스포츠는 개인의 윤리의식만으로는 해결되지 않는 사회적 구조 속에 있다. 사건이나 이슈 등의 사회적 현상은 개인의 윤리 측면에서 판단할 수 없고, 해결될 수 없는 문제의 복잡성과 다양성을 지니고 있다. 스포츠경기에서 발생하거나 스포츠경기와 관련하여 발생하는 여러 사건이나 이슈 등도 경기에 참가하는 사람의 도덕성이나 윤리의식의 문제가 아니라 집단이나 조직 등 사회의 도덕성과 윤리의식의 문제와 관련된 경우가 적지 않다. 달리 말하면 개인의 도덕성이나 윤리의식으로는 해결할 수 없고 해결이 어려운 스포츠 관련 사건 이슈가 많다는 것이다.

국가 사회의 경제적 성장과 생활 수준의 향상에도 불구하고 범죄와 반도덕적 행위는 끊임없이 발생하고 세대와 계층간 사회적 갈등은 줄어들 기미가 보이지 않는다. 스포츠도 마찬가지다. 스포츠를 둘러싼 환경과 제도의 발전에도 불구하고 스포츠 현장에서는 크고 작은 사건·사고가 생긴다. 도핑, 승부조작, 성폭력, 입시비리, 불법 스포츠도박 등 스포츠의 본질과 가치에 위배되는 일들이 심심찮게 일어나고 있다. 개인의 도덕성 또는 윤리의식 문제에서 비롯된 것일 수 있지만 스포츠계의 집단적 도덕성·윤리성의 문제에서 야기되는 측면도 적지 않다. 개인 윤리적 차원을 넘어선 사회 윤리적 차원의 문제라고 볼 수밖에 없다.

스포츠윤리의 문제에 대한 책임을 개인에게만 물을 수 없는 이유다. 스포츠윤리에 대한 사회적 집단책임으로서 스포츠단체가 그 문제를 짊어져야 한다. 사회속에서 개인의 도덕성이나 윤리의식의 한계를 전제로 개인의 윤리에 영향을 미치는 사회의 도덕성과 윤리의식의 고양에 신경을 써야 한다. 스포츠윤리에 어긋난 행동을 한 개인에 대한 책임 추궁도 필요하지만 스포츠윤리에 대한 사회적·문화적 책임에 맞는 제도와 시스템을 만들어야 한다.

1
축구국가대표 감독도 인사청문회를 거쳐 뽑자.

지난 2014 브라질 축구월드컵에서의 대한민국의 16강 진출 실패는 여러 사회적 논란을 일으켰다. 월드컵 본선 조 예신에서 대한민국 축구 국가대표팀은 1무 2패에 그치며 조 최하위로 16강에 진출하지 못했다. 16강 좌절에 대한 분노는 대표팀의 홍명보 감독에게 쏠려 대표팀 구성과 월드컵 본선 경기에서의 출전 선발선수 결정에서 경기력이 아닌 친분을 따졌다는 '의리 논란'이 일었다. 언론과 네티즌은 홍명보 감독의 '의리'가 실패의 원인이라고 단정했다. 홍명보 감독의 계약 기간은 2015년 1월 오스트레일리아에서 열리는 2015년 AFC 아시안컵 대회까지로 대한축구협회의 재신임을 받아 계속 지휘봉을 잡을 예정이었지만 결국 여론의 악화로 2014년 7월 10일 오전 10시 서울 종로구 신문로 축구회관 2층 회의실에서 사퇴 기자회견을 열었다. 홍명보 감독은 사퇴를 발표하면서 "국민들께 죄송하다. 월드컵 16강 진출 실패에 대한 책임을 지고 물러나겠다."면서 "앞으로도 좀 더 발전된 사람이 되도록 노력하겠다."고 말했다.

브라질월드컵 본선 16강 진출 실패는 홍명보 감독의 '의리'가 원인?

사실 홍명보 감독이 대표팀 감독으로 선임될 때도 말이 많았다. 아시아지역 최종예선전에선 프로축구단 전북의 최강희 감독이 맡아 아시아지역 최종예선 마지막 경기 이란전에서 패하여 뒷맛이 개운치 못했지만 8회 연속 월드컵 본선 진출의 대업을 이루었다. 그런데 석연찮게 최강희 감독이 사임을 하고 대한축구협회가 후임 감독을 선정하는 과정에서 사실상 특정인을 내정한 것이 아니냐는 논란이 있었다. 당시 많은 언론은 홍명보 전 런던올림픽대표 감독이 대표팀의 새로운 감독으로 낙점되었고 본인의 최종 결심만 남았다는 보도를 냈다. 대한축구협회도 이러한 언론보도에 대해 부인하지 않았다. 대표팀 감독 선임을 위한 축구협회 기술위원회 추천이라는 절차가 있는데 그리 보면 의미 있는 것은 아니고 냉정하게 말하면 형식적인 과정이라는 느낌이었다.

당시 이와 관련한 스포츠 언론매체의 기사들을 보면 왠지 고개를 갸웃하게 된다. 어떤 기사는 "홍명보에게 러시아까지 장기계약을 허(許)하라."라는 제목으로 축구협회에 홍명보 감독을 2018 러시아월드컵 대표팀까지 맡겨야 한다고 간청(?)했다. 또 다른 기사는 "홍명보 감독 선임, 현실적으로 최고의 선택이다."라는 제목으로 홍명보 감독을 대표팀 감독으로 선임하지 않는 것은 문제라는 취지의 주장을 하고 설사 내년 월드컵에서 16강 진출의 성적을 올리지 못하더라도 사람들은 홍명보 감독을 비난하지 않을 것이라고 예언까지 했다. 대개 기사가 홍명보 감독의 선임을 옹호하는 입장이었다.

대표팀 감독의 자질과 능력을 검증할 수 있는 과정이 필요 … 청문회는?

월드컵 축구대표팀 감독을 누구에게 맡기느냐 문제는 축구팬 차원의 문제가 아닌 국민적 차원이 관심사가 되었다. 국가대표팀 축구경기는 최고의 스포츠이벤트이고 축구월드컵은 4년마다 국민들에게 스트레스 '해우소(解憂所)'를 제공해주고 내셔널리즘의 팡파르(fanfare)를 들려준다. 이러한 정치사회적 역할을 하는 축구대표팀의 레벨을 결정하는 것은 감독이고 과거의 경우에서 보듯이 축구대표팀의 성적 내지 결과에 미치는 감독의 영향력이 지대한 사실을 보면 적합한 감독을 선임하는 것은 정말 중요한 일이다.

그런데 과거에도 그렇고 홍명보 감독 선임 당시도 그렇고 감독 선임은 축구협회가 일방적으로 정하고 언론은 축구협회가 들려주는 얘기와 함께 대표팀 감독의 비하인드 스토리를 싣기에 바빴다. 축구팬, 국민은 대표팀 감독이 갖고 있는 대표팀 운영의 비전, 추구하는 경기전술, 선수선발의 원칙 등을 그로부터 직접 듣고 이를 평가할 수 있는 기회가 없었다.

축구협회가 즉흥적·일방적으로 대표팀 감독을 선임하고 국민은 대표팀 감독과 교감 소통할 수 있는 시간을 갖지 못하기 때문인지 축구협회 뿐 아니라 축구팬, 언론은 지금까지 대표팀의 성적에 일희일비하여 감정적인 반응을 보이고 이에 따라 감독 선임뿐 아니라 교체도 원칙없이 이루어져 왔다. 오죽하면 축구 대표팀 감독은 독배의 잔을 드는 자리라고 하지 않던가.

만약에 대표팀 감독 선임에 있어서 대통령이 행정부의 고위공직자를 임명할 때 국회에서 행하는 인사청문회(人事聽聞會)와 같은 절차를 열면 어떨까? 인사청문회는 대통령의 인사권을 견제하는 장치로서 역할을 하지만 다른 한편으로는 공직 취임 예정자의 과거 행적을 돌이켜 보고 업무에 대한 식견과 철학을 가지고 있는지 품성과 인성을 제대로 갖추었는지를 평가함으로써 공직수행능력을 검증한다.

대표팀 감독을 선임하기에 앞서 축구협회 내외부 인사로 위촉된 청문위원들로 구성된 인사청문회 절차를 갖고 이왕이면 인터넷을 통한 방송 등 공개적 절차로 청문위원들로 하여금 감독의 지난 성적과 결과에 대하여 평가하게 하고 혹시 의혹이 있는 사안에 대하여는 해명 내지 설명을 하도록 하고 대표팀 운영의 철학과 전술의 방향 등을 개진하게 하는 것이다. 그러면 축구팬, 국민은 대표팀 감독 수행능력을 알게 되고 감독으로서 적합한 자인지 나름 평가할 수 있는 기회가 되지 않을까 싶다. 청문위원들과 축구팬, 국민이 적합하다고 평가하여 선임된다면 감독은 소신있게 대표팀을 운영할 수 있는 기반이 되지 않을까?

인사청문회 절차를 통하면 축구협회는 감독 선임과 관련한 행정을 어느 정도 공개적으로 행할 수밖에 없고, 감독은 청문회 준비를 위해서라도 대표팀 운영의 철학과 전술에 대하여 고민하고 연구하는 기회를 가지게 될 것이고 이를 국민에게 밝히는 자리를 가지게 될 것이고, 언론은 감독과 대표팀에 대한 진지한 보도를 하게 되고, 축구팬과 국민은 감독을 제대로 알고 그와 소통할 수 있는 시간을 가질 것이다. 그러면 널뛰기 감독 선임·경질·교체의 악습도 줄어들지도 모르겠다.

2

장미란에게 사회정서와 집단논리의 갈등은 또 하나의 바벨

장미란 전 역도국가대표 선수(장미란재단 이사장, 이하 장미란 이사장)에게 2013년 연말은 잊고 싶은 시간이 되었을 것이라고 생각된다. 2008 베이징올림픽 금메달 등 수 많은 국제대회에서 세계역도 최고의 선수로서 한국을 빛낸 업적과 선수로서 마지막 올림픽인 2012 런던올림픽에서 발휘한 투혼으로 많은 국민들로부터 칭송을 받아온 그녀가, 당시 적지 않은 국민들로부터 비난을 받았다.

장미란 이사장이 대한역도연맹 소속 선수들과 임직원들 300여 명과 함께 여대생 청부살해범 윤아무개의 남편인 모기업 류아무개 회장의 선처를 호소하는 탄원서를 법원 담당재판부에 제출한 것을 두고 많은 사람들이 사회정서와 동떨어진 부적절하고 사려깊지 못한 처신으로 보았다. 심지어 인터넷상 관련 기사에 대한 댓글 페이지에는 그를 좋아했지만 이제 그를 쳐다보지도 않겠다는 글들도 올라오고 비난의 수위가 꽤 높은 글들도 보였다.

류 회장은 당시 사회적 파장이 컸던 여대상 청부살해 관련 범죄인의 남편으로서 회사 자금 87억 원을 빼돌리고 이중 2억5000만 원을 아내 윤 씨의 입원비 등으로 사용한 혐의 뿐만 아니라 세브란스병원 박아무개 교수에게 부인에 대한 허위진단서 발급을 부탁하며 미화 1만 달러의 돈을 건넨 혐의도 받고 있어 사회정서로는 그야말로 용서가 어려운 사람이었다. 그런데 대한역도연맹측에서는 연맹회장이기도 한 그에 대하여 나몰라라 할 수도 없는 입장이라 류 회장의 선처를 바라는 탄원서를 법원에 제출하기로 한 것이고 이왕이면 많은 역도인들이 연명한 탄원서가, 장미란 이사장 등 한국역도를 대표하는 선수들의 연명이 들어간 탄원서가 법원 재판에서 그에게 조금이라도 도움이 되지 않을까 싶어 한 것으로 보였다.

사회 정서와 소속 집단의 논리가 다를 때, 어느 쪽을 따라야 하나?

이처럼 집단의 논리·정서가 사회의 감정·정서와 어긋나는 경우는 사회에서 언제든 접할 수 있다. 이러한 집단논리가 사회정서에 배치되는 상황에서 집단논리에 편승하거나 따르는 행위는 사회정서에 비추어 비난받을 가능성이 다분하다. 따라서 그러한 행위를 하는 사람들은 사회로부터의 비난을 감수할 각오가 되어 있어야 한다. 아니면 사회로부터의 비난을 감수할 자신이 없다면 집단논리를 거부할 용기가 있어야 한다.

그런데 우리 스포츠계에서는 집단논리와 사회정서 사이에서 그러한 양자택일을 하기가 그리 녹록하지 않은 것이 현실이다. 집단논리에서 벗어나 집단의 주류로서, 지도자로서, 행정가로서 성공하기란 쉽지 않은 것이 우리 엘리트스포츠의 구소 및 환경이다. 집단의 이이에 저촉되고 집단의 논리에 위배되는 행동을 하는 사람이라면 비주류, 아웃사이더가 될 각오를 하여야 한다.

장미란 이사장은 재단 공식 페이스북 페이지에 다음과 같은 '변명'의 글을 올렸다. "저는 많은 관심과 사랑 속에서 선수 생활을 잘 마치고, 은퇴 후 지난 10월 인천전국체전 당시 후배들 격려차 오랜만에 경기장에 방문하게 되었습니다. 그 당시 역도연맹관계자가 회장님이 어려운 여건에 있는데, 연맹 일이 어렵다고 하시며 우리가 도움을 드려야 되지 않느냐라고 경기장에서 말씀하시기에 서명을 하게 되었습니다. 서명 당시 탄원서에 대한 내용은 없어서 확인하지 못하고, 서명 명단을 봤을 때 연맹 임원들의 서명이 있어서, 사실 역도인으로 연맹을 위해 해야 하는 일로 알았습니다. 그런데 기사의 타이틀이 마치 제가 주도하여 탄원서가 제출된 것 같이 기사가 나간 것에 대해서는 저도 많이 당혹스럽고 유감스럽게 생각 합니다. 연맹의 일로만 생각하고, 이렇게 사회적으로 큰 일 인줄 제대로 인지하지 못한 저의 불찰입니다."

장미란 이사장도 '류 회장의 여건'에 대해서는 잘 알고 있었을 것이고 역도인들이 도움을 드려야 되고 서명을 한다는 것이 무엇을 의미하는지는 잘 알고 있었을 것이다. 아마도 장미란재단을 운영하고 역도계에서 지도자이든 행정가이든 성공의 길을 가야할 그로서는 서명 요청을 거부할 수 없었을 것이다.

한편 적지 않은 사람들은 탄원서에 서명한 것이 불찰이라며 사과를 하였으나 탄원서 제출의 철회 여부에 대한 분명한 입장을 보이지 않는 것에 대해서 아쉬움을 나타내며 입장을 밝히라고 요구했다. 아마도 집단논리에 편승하여 사회정서와 동떨어진 처신을 한 그녀에게 집단논리에서 벗어나 사회정서에 따르는 답변을 해달라고 요구한 것이다. 이번 일도 그렇고 앞으로도 집단논리와 사회정서가 충돌하는 상황에서 그녀는 집단논리를 따르면서 사회정서를 거역하지 않을 수 있을까? 지금까지 역도만을 해왔고 집단논리를 요구하는 역도계에서 성공의 길을 가야 할 그녀에게는 바벨을 들어 올리는 것처럼 쉽지 않은 일일 것이다.

3
선수에 대한 징계로서 연봉동결을 어떻게 볼 것인가?

2016년 초 kt wiz 프로야구단(이하 kt야구단) 소속 장성우 선수에 대한 재판 관련 소식으로 장성우 SNS 논란이 다시 조명(?)을 받았다. 2016년 1월 25일 수원지방법원에서 열린 공판에서 장성우 선수는 검찰로부터 징역 8개월을 구형 받았다. 반면 장성우 선수 변호인은 "명예훼손의 의도가 없고 공연성이 없다"며 무죄를 주장했다. 2월 24일 선고공판에서 재판부는 벌금형을 선고했다. 2016년 6월 현재 항소심이 진행 중이다. 검찰은 징역형을 구형했는데 재판부가 어떤 형을 선고할지는 그 때 가봐야 알 수 있다.

법적 단죄에 앞서 장성우 선수는 이미 한국야구위원회(KBO)와 kt야구단으로부터 제재를 받았다. kt야구단은 2015년 11월 2일 자체 징계위원회를 열어 징계를 결정하고, "SNS 논란으로 사회적 물의를 일으킨 장성우 선수에 대해서 'KBO 야구규약 제14장 유해행위 제151조 품위손상 행위'에 의거

해당 논란 건에 대한 도의적 책임을 물어 2016시즌 50경기 출장정지 및 연봉 동결, 벌금 2천만 원을 부과하며, 벌금은 사회공헌 활동에 사용할 예정이다."라고 발표했었다.

여기서 장성우 선수는 SNS 논란에 대한 구단의 징계로서 2016시즌 연봉동결이라는 조치를 받았는데, kt야구단이 2015년 장성우 선수에게 위와 같이 징계를 내릴 당시에 제재금(벌금) 부과에 더하여 연봉을 징계의 하나로서 다루는 것, 다시 말하면 프로스포츠에서 연봉을 제재와 연결하는 것이 적절한 것인가라는 법적 고민이 필요하다.

연봉액은 구단과 선수 사이의 합의에 따라 결정된다는 점에서 제재로서 연봉 연계는 부적절

현행 「KBO 규약」을 보면, 인종차별, 가정폭력, 성폭력 등 경기 외적인 행위와 관련하여 사회적으로 물의를 일으킨 선수에 대해서는 실격처분, 직무정지, 참가활동정지, 출장정지, 제재금 부과 또는 경고 처분의 제재를 내릴 수 있다(제151조 제3호). 야구선수계약서에 따르더라도 사회적으로 물의를 일으킨 행위를 연봉과 관련하여 책임을 묻거나 제재를 가하는 것을 인정할 만한 조항이 없다. 결국 규정상 징계의 수단으로서 연봉을 동결 또는 감액하는 것은 무리다.

다만 제재에 따른 참가활동 정지 기간에 상응한 연봉감액은 인정될 수 있다. 「KBO 규약」도 선수가 총재의 제재로 경기, 훈련 등 참가활동을 정지한 경우 구단은 당해 선수 연봉의 300분의 1에 참가활동을 정지한 일수를 곱한 금액을 연봉에서 감액한다(제73조 제3항)고 규정하고 있다(KBO는 2015년 11월 2일 상벌위원회 심결을 통해 「KBO 규약」 제151조 [품위손상행위] 제3항에 의거, 유소년야구 봉사활동 120시간과 사회 봉사활동 120시간의 제재를 부과했다. 참가활동이 정지되지 않아 KBO 제재에 따르더라도 장성우 선수는 연봉 감액을 면했다).

「KBO 규약」 제70조 제1항이 "구단과 선수는 선수계약을 체결할 당시에 연봉을 결정하고 이를 선수계약에 명시하여야 한다."고 규정한 것처럼 연봉액은 구단과 선수가 합의에 의해서 결정된다는 점과 제3자(징계위원회)가 선수의 연봉을 일방적으로 결정하는 것은 법적으로도 문제가 될 수 있다는 점에서 장성우 선수 연봉동결 제재는 적절하지 못하다고 볼 수 있다. 특히 연봉이 구단의 우월적 지위에 의해 징계성으로 정해지는 것이 관행이 된다면 이는 선수 개인이 아닌 제도적 차원의 문제가 될 수 있다.

유해행위를 연봉고과 정량적 평가요소로 연봉액 협상에서 활용하는 방안을 검토

사회적으로 물의를 일으킨 행위를 저지른 프로선수에 대해서 단체법적 책임을 묻는 차원에서 연봉액 산정에 있어서 이를 고려할 수 있다고 본다. 사회와 팬들의 관심과 성원 없이는 존재할 수 없는 프로스포츠의 본질과 이에 따른 사회적 역할, 그리고 프로스포츠 선수의 사회적 임무에 비추어 볼 때, 선수의 기록과 성적만을 연봉 산정의 평가요소로 삼지 말고 도박, 승부조작 등 유해행위에 대한 사회적 평가 내지 평판을 평가요소로 하는 것도 적절하다고 생각한다. 성적 또는 기록뿐 아니라 선수의 유해행위에 대한 사회적 평가가 금전적 가치로 치환되는 것이다.

다만 선수의 유해행위에 대한 사회적 평가는 평가자에 따라 주관적이고 그 결과가 일관되지 않을 수 있어 가급적 객관적인 지표에 의해 평가가 이뤄져야 한다. 사회적으로 물의를 일으킨 행위의 경중을 반영하고 정량적 평가가 가능한 연봉고과 자료의 마련은 그리 어렵지 않을 것이다. 그러한 방안으로 유해행위에 대한 평가가 이뤄진다면 선수에게 처신에 있어서 경각심을 갖게 하고 구단에게 선수의 유해행위에 대한 대응으로서 객관적이고 공평한 연봉액 산정의 도구가 될 것이다. 희망사항을 더하면 유해행위뿐 아니라 선행행위에 대한 평가도 연봉액 산정에 고려되어, 사회적으로 좋은 일을 하는 선수는 그에 상응한 연봉증액이 있었으면 좋겠다.

4
이세돌 탈퇴 논란의 본질은 기사회의 정체성 확립

2016년 5월 이세돌 9단이 한국기원 내 한국프로기사회(이하 기사회)의 정관에 상식에 맞지 않는 문제들이 있다며 기사회를 탈퇴한 일로 바둑계가 이세돌 9단과 알파고의 대국에 이어 세간의 관심을 받은 적이 있다. 한국기원 소속 프로기사의 유일무이한 조직인 기사회로선 자신에게 반기를 든 이가 현재 최고의 바둑 스타인 이세돌 9단이어서 당황한 기색이 역력했다. 양측이 어중간한 타협을 하지 않는 이상 기사회로선 이세돌 9단의 요구사항을 받아들여 그가 지적한 정관의 문제를 고치든지 아니면 그의 주장을 받아들이지 않고 정관을 그대로 고수할 것인지 선택할 수밖에 없는 상황이었다. 그런데 기사회가 어떠한 선택을 하더라도 그 선택은 프로바둑계의 한 축인 기사회의 정체성과 관련한 문제로서 단순히 이세돌 9단 개인과 기사회 사이의 문제로만 볼 수 없었다.

1954년 설립되면서 국내 바둑의 프로단체로서 그 역할을 해온 한국기원은 1967년 정관에 근거조항을 두고 기사회를 만들었다. 소속 기사의 품위 향상과 기력 연마를 촉진하고 한국기원 운영에 기사를 참여케 한다는 취지다. 그렇다면 기사회는 프로기사의 자생적·자율적 조직은 아니며 한국기원 내부의 하나의 조직에 불과하다. 그렇다면 1970년 한국기원이 법적 성격을 사단법인에서 재단법인으로 변경했을 때 구성·운영과 사업에 있어서 재단법인 내 조직으로 맞지 않은 기사회도 함께 처리했어야 옳았다. 법인과는 별개의 독립적 조직으로 구성과 운영에 있어서 프로기사들이 자율적으로 참여하는 방안을 마련해 시행했어야 했다.

탈퇴 프로기사 기원대회 출전금지 규정은 진작에 삭제했어야

더 큰 문제는 기사회가 한국기원 소속 프로기사에 대하여 가입을 강제하고 탈퇴에 대하여는 용인하기 어려운 불이익을 준다는 것이다. 기사회가 내부규정(정관)으로 기사회에 가입한 경우에만 한국기원이 주최·주관하거나 관여하는 대회에 출전할 수 있다는 취지의 규정을 뒀는데, 한국기원이 이를 프로기사의 대회 참가 여부와 결부한다면 한국기원 소속이지만 기사회에 가입하지 않거나 탈퇴한 경우에는 사실상 국내에서 프로기사로서 활동할 수 없게 된다. 소속 기사의 품위 향상과 기력 연마라는 기사회 설립 목적에 비춰 지나친 제약이다. 기사회 가입을 강제하고 탈퇴를 억제하려는 의도에서 비롯된 것이라면 기사회의 성격을 무엇으로 보든 직업선택의 자유 등 프로기사 개인의 기본권을 과도하게 침해하는 것이다.

한국기원과 기사회로선 프로기사의 기사회 가입 및 탈퇴 문제에 관한 이세돌 9단의 요구 사항을 받아들인다면 수십 년간 이어온 기사회 조직의 틀이 깨질 수 있고, 기사회 위신과 위상의 추락을 가져올 가능성이 크고 프로기사에 대한 자신들의 통제력이 약화될 수 있다는 걱정을 할 것이다. 반대로 이세돌 9단의 요구 사항을 거부한다면 규정대로 기사회를 탈퇴한 이세돌 9단이 한국기원 대회에 출전하는 것을 허용하지 않아야 하는데, 그 후폭풍이 어떨지 가늠하기 어려워 그러한 조치를 취하기가 쉽지도 않을 것이다.

우신 기사회 탈퇴 프로기사의 한국기원 대회 출전을 금지하는 규정을 진작에 없애야 했다. 한편 기사회와 프로기사

내부에서 기사회의 정체성에 대한 고민을 함께 해야 한다. 기사회의 목적 및 사업 범위와 연관하여 프로기사의 단순한 친목단체로 남을 것인지, 프로기사의 권익과 복지 증진에 관한 이익단체로 활동할 것인지 말이다. 이러한 분명한 정체성을 확립하고 나서 정체성에 맞는 한국기원과의 관계 등 조직의 위상을 정리하고 내부규정 등 구성과 운영에 관한 내용을 마련할 필요가 있다. 바둑 산업의 발전을 위한 여러 과제 해결을 위해 바둑계가 힘을 모아야 할 상황에서 이세돌 9단의 탈퇴로 제기된 기사회의 정체성 논란을 해결해야 할 이유다.

5
구장 광고 논란, 내 집 없는 설움인가?

프로스포츠 경기를 보기 위해 구장을 찾는 관중과 TV 중계방송을 보는 시청자의 수 증가로 관중과 시청자를 대상으로 한 구장 내 광고가 수익을 내면서 구장 소유자(임대인)인 지방자치단체 측과 구장 사용자(임차인)인 구단 사이에 구장 내 광고권 관련 분쟁이 발생한다. 창원시를 연고로 하는 프로야구 NC구단이 몇 년 전 마산야구장의 광고권을 두고 창원시 측과 소송까지 했던 사건과 최근에 수원시를 연고로 하는 프로축구 수원삼성 구단과 경기도수원월드컵경기장관리재단 사이에 구장 내 광고영업과 관련하여 생긴 갈등이 떠오른다.

구장에 설치하는 광고판 운영에 관한 내용은 구장이라는 시설 소유자의 권리 사항이라 그러한 권리(광고권)를 누구에게 위탁하거나 위임할지, 광고료를 얼마로 책정할지는 구장 소유자의 결정에 달려있는 것이 원칙이다. 따라서 구장의 임차

인격인 구단은 임대인격인 지방자치단체 측에서 광고권을 양도하지 않는 한 광고권을 주장할 순 없다. 선수와 지도자를 포함한 양 구단이 만든 콘텐츠인 경기를 보려는 구장 관중과 TV 시청자를 대상으로 하는 광고인데, 광고권도 주장하지 못하고 광고 운영에 있어서 제 목소리도 내지 못한다면 구단 입장에서는 '내 집 없는 설움'이라고 볼 수 있다.

그런 설움을 겪지 않으려면 내 집을 가지면 되는데, 현재로선 구단이나 구단의 모기업이 구장을 짓는다는건 여러 이유로 쉽지 않은 일이다. 대신 지방자치단체가 신축하는 구장 건설비용 일부를 대고 그 대가로 광고권 등을 일정기간 양도받는 것이 현실적 대안이다. 프로야구구단 기아와 삼성이 그렇게 해서 소유자인 지방자치단체 측으로부터 광고권을 포함한 구장 운영권을 양도받았다. 프로야구구단 SK와 같이 입찰을 통해 턴키로 사용료를 내고 구장 운영권을 따낸 경우도 있다. 그래도 내 집이 아니라 아예 설움이 없을 순 없다. 약정기간 이후에는 어떻게 될지 모른다. 광주와 대구에선 일정기간 운영권 양도와 관련하여 기아와 삼성 구단에게 지나친 특혜를 준 것이 아니냐는 논란이 일고 있는 사정을 보면 약정기간 이후에는 세입자의 설움을 톡톡히 겪을 가능성도 배제할 순 없다.

구장 광고수익, 오로지 구장 소유자 몫이 맞나

구장 광고권은 원천적으로는 구장시설 소유자인 지방자치단체 측이 보유한다고 하더라도 사용협약을 맺고 구단이 구장을 사용하는 경우에도 광고 수익을 소유자의 몫으로만 하는 것이 옳은지는 생각해 볼 문제다. 잠실야구장의 경우에 소유자인 서울시 측(서울시체육시설관리사업소)가 입찰을 통해 광고대행업자에게 상당한 사용료를 받고 일정기간 구장 광고권을 부여하는데 광고수익에서 잠실야구장을 사용하는 두산과 LG 두 구단의 몫은 없다.

그런데 구장 광고는 경기를 전제로 하고 영화관의 영화 시작 전 광고와 달리 경기 내내 경기에 기생하여(?) 현출되고 있다. 그렇다면 광고 판매와 수익에 있어서 경기 콘텐츠 제작자인 구단의 기여가 있다고 봐야 한다. 수익에 기여가 있으면 몫이 있는 것이 당연하다. 상가건물의 임차인에게 권리금이 인정되듯이 구장이라는 시설(광고판)에 무형의 재산적 가치를 발생시킨 구단의 몫을 인정하자는 것을 억지주장으로 무시하기 어려운 이유다. 구단이 구장 사용료를 낸다면 사용의 범위 안에 구장 내 광고판 등의 시설도 포함되는 것이 맞는데 광고 시설만 따로 떼 내어 사용권을 인정하지 않는다는 것도 법적 타당성에 있어서 문제로 볼 수 있다. 미국 프로스포츠 구장 사용(리스)에 있어서는 구장 내 광고권을 구단에게 독점적으로 부여하거나 광고수익을 구단의 몫으로 한 경우들이 적지 않다. 2016년 잠실야구장 광고권 3년 사용기간이 종료된다. 2016 연말 쯤 또 다시 잠실야구장 광고권 관련하여 두산과 LG 두 구단이 집 없는 설움을 겪을지 두고 볼 일이다.

6

또 하나의 연금, '메달리스트 연금' 제도 개혁이 필요하다.

이제는 고인이 된 1990년 베이징 아시안게임 역도 금메달리스트 김병찬 선수가 2015년 6월말경 자신의 집에서 쓸쓸하게 숨진 채 발견되었다는 뉴스는 우리 스포츠계에 적지 않은 충격을 주었다. 1990년 베이징 아시안게임에서 금메달을, 1991년과 1992년 아시아역도선수권대회에서 각 3관왕, 1991년 세계역도선수권대회에서 은메달(용상)과 동메달(합계) 등을 획득하여 당시 '스포츠스타'로 각광을 받았던 그였기에 우리의 아픔은 더했다. 1996년 불의의 교통사고로 하반신이 마비된 이후 변변한 식입이 없어 매월 50여만 원의 이른바 '메달리스트 연금'으로 어머니와 함께 어렵게 생계를 이어갔던 그는 2013년 어머니마저 지병으로 세상을 떠나고 식도암으로 투병생활까지 했다는 것이다.

교통사고 후 그에게 다가온 삶이 흔한 경우가 아니었다 하더라도 그래도 스포츠계와 국민의 관심과 사랑을 받았고 국제대회에서 우수한 성적으로 메달리스트 연금까지 받았던 그의 생의 마감이 국민뿐 아니라 역도계 누구조차도 알지 못한 상태에서 있었다는 사실은 역도계와 스포츠계, 아니 우리에게 적지 않은 고민을 던져 주었다. 문화체육관광부가 故 김병찬 선수와 같이 메달리스트로서 연금을 받고 있다할지라도 경제활동이 불가능해서 생계가 어려운 경우에는 특별지원이 가능하도록 새롭게 제도를 마련하겠다고 하는 것도 그러한 고민에 따른 결과라고 볼 수 있다.

메달리스트 연금의 타당성과 효율성에 대한 진지한 고민이 있어야

그런데 차제에 메달리스트 연금이라고 불리우는 '경기력향상연금'을 포함한 「체육인복지사업규정」상 체육인복지제도 운영의 개선점이 없는지 검토가 필요하다. 과거 '엘리트스포츠'의 국제대회 성적에 따른 후광적 효과를 위해 스포츠계의 '투혼'을 끄집어내고자 부여되었던 '메달리스트 연금'이 지금에 와서는 과연 타당성과 효율성을 갖고 있는지 말이다. 미흡하거나 고칠 점이 있다면 국회와 정부당국이 제도적 개선 방안을 모색하여 주길 부탁드리고 싶다.

1974년 「경기력향상연구복지기금운영규정」 시행으로 운영되기 시작한 '메달리스트 연금'은 올림픽, 아시안게임 등 규정이 정한 국제대회에서 국위를 선양한 선수를 대상으로 지급되는데, 입상실적이 있을 때마다 입상실적에 해당하는 평가점수를 합산하여 20점이 되는 때로부터 선수 본인의 선택에 따라 월정금 또는 일시금으로 지급된다. 규정에 따르면, 월정금의 경우 평가점수 30점까지는 10점당 15만 원씩, 평가점수 30점 초과부터 100점까지는 초과점수 10점당 7만5천 원씩, 평가점수 100점 초과부터 110점까지는 초과점수 10점당 2만5천 원씩 부가하여 산출 지급하되, 올림픽 금메달에 한해서는 100만원을 지급하게 된다. 참고로 올림픽 대회의 평가점수를 보면 금메달은 90점, 은메달 30점, 동메달 20점이다.

그런데 규정이 정의한 것처럼 '경기력향상연구연금'은 국제대회에서 입상한 선수들에게 경기력향상과 생활보조로 재정적 지원을 하기 위하여 지급되는 재정적 지원이다. 위 연금의 취지가 경기력향상과 생활보조라는 재정적 지원임에 비해 실제로 지급되는 사정을 보면 연금의 본질과는 다른 국제대회 입상에 따른 시혜적 성격의 포상에 가까운 것이 사실이다. 은퇴 이후 선수생활을 하지 않더라도, 다시 말하면 경기력향상의 여지가 없어도 기왕에 딴 점수에 따라 연금을 받거나 국제대회 입상 이후 선수경력에서나 은퇴 후 경력에서도 지도자나 각종 포상금 또는 상업적 활동으로 적지 않은 부를 거둬 생활보조의 필요성이 없는 경우에도 연금을 받게 된다.

실제 재정적 지원이 필요한 선수에게 연금 혜택이 돌아가는 제도로 거듭나길

이와 함께 규정상 각종 복지제도가 국제대회 입상자와 메달리스트 또는 국가대표 출신에 편중되어 운영되고 있다는 사실도 '보편적 복지' 차원에서는 받아들이기 어려운 점이다. 예산의 한계 탓도 있겠지만 '국외유학지원금' 대상자를 올림픽대회 메달 수상자로 한정하는 것도 검토가 필요한 부분이라고 할 수 있다.

물론 체육인복지사업 예산의 한계로 모두에게 그 혜택이

돌아가는 체육인복지사업을 운영할 수 없다는 점은 부인할 수 없는 사실이다. 그렇더라도 국제대회 입상자가 아니더라도 실제로 재정적 지원이 필요하고 지원이 급한 전·현직 선수들이 혜택을 우선 볼 수 있도록 복지제도를 운영하는 것이 스포츠계의 '상생'과 '공익'측면에선 더 낫지 않을까? 연금 지급이 되지 않더라도 생활에 지장이 없는 선수에게 갈 연금액이 정말로 재정적 지원이 필요한 선수에게 돌아간다면 체육인복지제도의 효용성은 더 커질 것이다. 어쩌면 스포츠계의 진지한 고민과 통 큰 양보가 필요한 문제이다.

7

윤기원 '죽음'에 비겁했던 스포츠계의 자업자득?

2011년 5월 5일 밤 11시 46분경 경부고속도로 하행선 서울 서초구 원지동 소재 '만남의 광장'휴게소 화물차 전용 주차장. 밤늦은 시각 짙은 어둠속에서 승용차 한 대가 들어와 멈추어 섰다. 멈춰 선 승용차의 전조등이 꺼졌다. 전조등이 꺼졌는데도 승용차 문은 열리지 않았다. 다음 날인 6일 오전에도 승용차는 그대로 있었다. 오전 11시 50분경 주차장 관리인은 승용차를 지나다가 왠지 이상한 느낌이 들었다. 승용차 안을 들여다봤다. 남자가 운전석에 상체를 왼쪽으로 기울인 채 앉아 있었다. 조수석에는 타다 남은 번개탄이 있었다. 유서는 없었고 현금 100만 원이 든 은행봉투가 있었다.

2010년 프로축구 신인 드래프트에서 인천유나이티드에 지명되어 선수활동을 했던 故 윤기원 선수의 '죽음'과 관련하여 경찰수사 결과를 바탕으로 구성한 당시 상황이다. 그 '죽음'

의 원인과 배경에 대해 경찰 측은 일산화탄소 중독에 의한 질식사라는 국립과학수사연구원의 부검 결과의 근거로 '자살'이라고 발표했다. 그러나 윤선수 가족 측은 윤선수가 자살할 이유가 없다며 경찰의 '자살' 단정은 사건을 서둘러 덮으려는 의도에서 비롯된 것이라고 주장하였다. 윤선수 측의 입장 및 주장은 윤선수 어머님이 쓴 '모두의 가슴에 별이 된 골키퍼'라는 책에 잘 나와있다.

1998년 선수들 승부조작 폭로를 한 차범근 전 감독을 내쫓았던 축구계

나는 사건 관련 기록을 보지 못했고 수사과정에 참여하지 않아 윤기원 선수의 죽음이 자살인지 아니면 누군가에 의한 타살인지에 대해서는 단언할 수 없다. 여기서 경찰수사가 미진하거나 수사결과의 오류를 지적하고자 하는 것도 아니다. 윤선수 가족 측의 주장이 어느 정도 일리가 있다고 하여도 그를 근거로 함부로 경찰수사 결과를 뒤집을 수 없는 것도 사실이다. 다만 윤선수 죽음 이후 축구계가 보여준 언행들은 과연 어떠했는지 되돌아보며 축구계는 비겁했다고 단언하려고 한다.

차범근 전 축구대표팀 감독이 1998년 한 월간지와의 인터뷰에서 국내 프로축구에서 선수들끼리 감독인 자신도 모르게 공모하여 승부 조작을 시도했었다고 '폭로'하여 축구계에 일대 파문을 일으킨 적이 있었다. 그런데 당시 축구계는 승부조작의 사실 여부를 밝히기보다는 차범근 전 감독을 근거 없는 유언비어를 퍼뜨리는 '문제아'로 단죄하였다. 언론도 프랑스월드컵 실패 때문인지 차범근 전 감독의 말을 진지하게 들어주지 않았다. 차범근 전 감독은 협회로부터 근거없는 이야기로 한국축구의 명예를 실추시켰다는 이유로 지도자 자격 5년 정지의 중징계를 받고 도피하듯 중국으로 떠나야만 했다.

당시 대한축구협회나 프로축구연맹은 차범근 전 감독의 말처럼 선수들 사이에서 승부조작이 있었는지, 승부조작은 통상 불법스포츠도박과 연계되는데 과연 선수들이 불법스포츠도박에 연루되었는지를 확인하려는 시도조차 하지 않았다. 수사기관에 수사를 요청하지도 않았다. 정말 승부조작이 없었다고 확신해서 그런 것일까? 아니면 승부조작이 사실로 드러날까 두려워서 그런 것일까?

선수 개인의 문제로 보는 한, 불법스포츠도박 사건은 계속 발생될 것

차범근 전 감독의 '내부고발'에 비겁했던 축구계는 2011년 윤선수 죽음에 대해서도 또 한번의 비겁함을 보였다. 소속구단과 대한축구협회, 프로축구연맹은 윤선수 죽음과 연관된 것으로 알려졌던 모 선수를 서둘러 외국으로 이적시켰다. 소속구단은 윤선수 가족이 먼저 요청했다고 언론플레이를 하면서 '추모경기'라는 이벤트를 열기도 했다. 윤선수가 왜 죽음에 이르렀는지 그 날의 경위를 잘 알고 있을 동료선수들로부터 확인을 구하지도 않았고, 윤선수 옆에 있었던 은행봉투안에 있는 현금 100만 원은 무슨 돈이었는지 알려고도 하지 않았다. 대한축구협회와 프로축구연맹은 더 이상 논란이 확대되지 않기만을 바랬다.

불법스포츠도박에 대한 문제의식의 부족이다. 선수 개인의 문제로 치부해버리는 스포츠계의 불법스포츠도박에 대한 '나몰라', '유체이탈'식 접근 방식이다. 진학이나 프로스포츠 진출 같은 문제에 있어서는 선수의 사생활 영역까지 간섭하면서 불법스포츠도박의 문제에 대해선 단체와 지도자의 영역까지 논란이 번지기를 걱정한다.

2015년 중순경에는 경찰 수사 결과 20여명의 프로농구 선수 등이 연루된 불법스포츠도박이 밝혀졌다는 뉴스가 있었다. 심지어 승부조작까지 있었다고 한다. 해당 선수 이외에 이 사태에 대해 책임지겠다는 지도자, 연맹 임직원은 나타나지 않았다. 내가 들은 바로는 국가대표 선수촌에 있는 아마추어 국가대표 선수 일부도 불법스포츠도박을 하고 있다고 한다. 심지어 어떤 선수들은 수천만 원 베팅을 했다고 한다. 물증은 없다. 사실이 아니기를 바랄 뿐이다. 분명한 것은 윤선수 죽음에 비겁했던 우리는 그 댓가를 치르고 있고, 앞으로도 치를 것이라는 점이다.

8
빈 글러브 태그 '김광현'에 대한 사과 요구가 지나친 것인가?

2015년 7월 9일 대구에서 열린 프로야구 '2015 KBO리그' 삼성 대 에스케이(SK) 경기 4회 말이다. 2사 2루 상황에서 SK 투수 김광현과 1루수 브라운이 삼성 박석민의 내야플레이를 잡기 위해 3루선상 본루(홈 베이스) 쪽으로 뛰어들었다. 공은 원바운드 됐는데, 김광현이 홈으로 뛰어들던 최형우를 태그했다. 심판의 아웃 판정이 내려졌다. 그런데 공은 브라운 글러브에 있었다. 김광현은 빈 글러브로 주자 최형우를 태그한 셈이다. 명백히 '기만'행위였다. 그래서 당시 적지 않은 야구팬들은 김광현 선수 및 소속 구단인 SK에 대하여 사과를 요구했다. 김광현 선수의 빈 글러브 태그는 '양심'에 반하는 행위이므로 팬들에 대한 공식적이고 공개적인 적절한 사과가 필요하다는 것이다.

그러나 김광현 선수와 SK는 그러한 사과 조치를 취하지 않았다. 김광현 선수와 SK 측은 언론 인터뷰를 통해 의도적인 행위가 아니었다는 말로 대신했다. 김광현 선수와 SK 측의 적극적인 사과가 있었다면 해프닝(?)으로 끝날 일이 김광현 선수와 SK 측의 소극적인 대응으로 한동안 시끄러웠다. 여기에 일부 팬들의 '김광현' 감싸기가 더해져 논란은 식지 않았다. 일부에서는 김광현 선수의 빈 글러브 태그는 룰 위반이 아니라고 하고, 양심과 비양심의 문제가 아니라고도 했다. 경기 중에 일어날 수 있는 일이라며 김광현 선수에게 양심고백과 사과를 요구하는 것은 지나친 것이라고 비판하기도 했다. 오심의 문제라고 심판의 책임으로 돌리기도 했다. "도루나 사구의 순간, 세이프 제스처나 맞았다는 행동을 취하는 것도 모두 기만행위로 간주, 공개사과를 해야 하는가"라는 반박 의견을 소개하기도 했다.

김광현 선수의 빈 글러브 태그는 반칙이자 기만

김광현 선수와 SK 측이 공식적인 사과 조치를 하는냐 마느냐는 선수와 구단의 선택의 문제였다. 일부에서 김광현 선수를 옹호하는 의견을 피력하는 것 자체가 잘못이라고 할 순 없다. 그러나 김광현 선수의 빈 글러브 태그에 대해선 분명히 잘못되고 룰 위반의 행위인 점에서 명백히 사실관계나 규정에 있어서 그른 근거를 대면서 김광현 선수를 감싸는 것은 적절한 것은 아니었다.

먼저 김광현 선수의 빈 글러브 태그는 명백히 '주루방해'였다. 「야구규칙」 2.51(주루방해)는 '공을 갖고 있지 않거나 공을 처리하지 않고 있는 야수가 주자의 주루를 방해하는 행위'라고 정의하면서 주루방해가 있는 경우 페널티로 주자에게 다음 베이스 진루를 준다. 야수인 투수 김광현 선수가 본루로 들어오는 최형우 선수를 태그하기 위해 빈 글러브로 최형우 선수에 몸을 터치하는 행위는 명백한 '주루방해'이다. 일부에선 이른바 '히든볼 트릭(Hidden Ball Trick)'의 경우를 들며 「야구규칙」 8.05 부기2 원주 (a)항이 규정한 투수 보크가 아니므로 룰 위반도 아니라고 하는데, 김광현 선수의 빈 글러브 태그는 투수 보크 판단의 대상이 되는 행위가 아니므로 그러한 항변은 김광현 선수 옹호의 근거가 될 수 없다.

빈 글러브 태그에 대한 적절한 사과 거부는 스포츠맨십에 어긋나

다음으로 김광현 선수는 분명히 자신과 상대 선수 뿐 아니라 심판을 속였다. 당시 경기 장면을 보면 김광현 선수는 글러브에 공이 없었음을 알고 있었다. 그렇다면 고의에 의한 기만 행위라고 밖에 할 수 없다. 백보 양보하여 글러브에 공이 있었던 것으로 착각했더라도 바로 '양심고백'을 했어야 하는 것이 맞다. 이것이 양심과 비양심의 문제가 아니라면 어떤 것이 양심과 비양심의 문제라고 할 수 있는지 의문이다.

도루나 사구의 순간, 세이프 제스처나 맞았다는 행동을 취하는 것도 기만행위인데, 공개사과를 요구할 수 없다는 주장도 그렇다. 도루나 사구의 순간 세이프 제스처나 맞았다는 주장을 하는 것은 단지 심판에 대해 어필을 하는 것이고 상대방을 속이는 행위도 아니다. 그러한 행위는 반칙으로 규정하고 있지도 않다. 그 정도까지는 반칙으로 보지 않는다는 공감대가 규칙과 팬들의 마음에 있는 것이다. 명백히 상대방을 속이는 반칙과 반칙이 아닌 심판에 대한 어필을 책임과 도덕 측면에서 동일하게 볼 수는 없는 것이다. 오심의 문제로 돌리는 것도 본질을 흐리는 것일 뿐이다.

적지 않은 사람들이 불공정하다고 하는 우리 사회에서 그래도 많은 팬들이 프로야구와 같은 스포츠경기를 관람하는 이유 중의 하나는 스포츠가 과정에 있어서 정정당당한 승부와 결과에 있어서 공정한 심판이 있기 때문이다. 최선을 다하고 실력으로 결과가 판가름 나는 경기에서 팬들은 카타르시스를 느끼고 감동을 하는 것이다. 알면서도 빈 글러브로 태그하고, 나중에라도 팬들에게 정중히 사과하지 않는 것은 '스포츠맨십'에 어긋난다.

제 6 장

스포츠 대한민국의 미래

통일과 선진국 진입을 앞 둔 대한민국 스포츠의 미래는
어떤 모습이이야 하나?

제 6 장
프롤로그

대한민국 스포츠의 과제로 생활스포츠의 활성화, 엘리트스포츠와 생활스포츠의 기구 및 정책의 실질적 통합, 스포츠단체 운영의 선진화, 프로스포츠의 공익적 역할의 증대, 남북한 통일시대의 스포츠, 스포츠산업의 육성과 발전을 꼽을 수 있다.

대한민국 스포츠의 미래는 위 과제들에 대하여 우리가 어떠한 정책을 수립하고 시행할 것인가에 달려 있다고 할 것이다.

대한민국 스포츠 정책의 패러다임이 바뀌고 있다. 지금까지의 국가 주도의 엘리트스포츠에서 중앙정부와 지방정부 수도의 생활스포츠의 진흥으로 중심이 옮겨졌다. 생활스포츠의 활성에 기반한 엘리트 스포츠 육성에 사회적 공감대가 이뤄지고 있다. 학교에서 학생들의 체육활동이 활발히 이뤄지고, 사회에서도 스포츠 활동을 즐길 수 있는 제반 여건이 갖춰지고 있다. 여성과 장애인의 스포츠 활동에 대해서도 관심이 높아지고 있다.

스포츠단체의 행정도 주먹구구식이 아닌 제도와 시스템으로 움직여야 한다. 스포츠단체는 사건이 생길 때마다 임시처방 또는 땜질식으로 대처할 것이 아니라 규정과 매뉴얼에 따라 가능한 공개적인 절차에 따라 처리해야 한다. 엘리트스포츠와 생활스포츠는 통합에 맞춰 효율적이고 생산적인 스포츠 행정을 이루도록 노력해야 한다.

프로스포츠가 국민의 여가 활동에 긍정적 기여를 하고 있는 것이 사실이다. 스포츠산업에서 프로스포츠가 차지하는 비중은 상당하다. 관람스포츠로서 국민의 문화 생활의 한 영역을 차지할 뿐 아니라 참여스포츠 확대의 기폭제 역할도 한다. 정부도 프로스포츠의 가치에 주목하여 프로스포츠 육성에 관한 정책 마련에 적극적이다. 프로스포츠도 이에 맞춰 공익적 측면에서 사회와 문화의 공적 영역에 있어서 공익적 기능과 역할을 해야 한다.

다가올 남북한 통일 시대의 스포츠에 대한 고민도 해야 한다. 과거 남북한의 치열한 체제 경쟁에서 스포츠는 하나의 우열의 척도가 되었다. 오랫동안 다른 체제하에서 이뤄진 스포츠 정책은 남북한 스포츠의 구조와 시스템을 사뭇 다르게 만들었다. 서독과 동독의 통일 후에 스포츠의 통합과 관련한 갈등이 있었는데, 우리도 통일 후 남북한 스포츠 통합에서의 갈등과 문제를 최소화하기 위해서는 통일 이전에 남북한 스포츠의 통합을 준비하는 프로그램이 마련되어야 한다.

문화체육관광부가 2016년 1월 발표한 '2015(2014년 기준) 스포츠산업 실태조사' 결과에 따르면 2014년 기준 스포츠산업을 영위하는 사업체의 매출 규모가 41조 3,700억 원일 정도로 스포츠가 하나의 산업으로 성장하였고 발전가능성도 크다. 제대로 스포츠산업으로 성장하기 위해선 스포츠와 스포츠산업에 대한 올바른 인식이 정립되고 실효성 있는 정책이 마련되어야 한다.

1
스포츠강국은 올림픽 금메달순이 아니다.

2016년 8월 브라질에서 열리는 리우하계올림픽을 앞두고 리우올림픽에 대한 사회적 관심이 일어나고 있다. 온·오프라인 신문과 방송에서 리우하계올림픽에 관한 뉴스가 본격적으로 다루어지고 있으며, 메달 유망주가 누구인지, 우리나라의 금메달 숫자가 몇 개가 될 것인지에 관한 기사가 헤드라인을 장식하고 있다.

지난 2012 런던하계올림픽에서 거둔 우리나라 대표팀의 성적은 놀라웠다. 금메달 13개로 금메달 기준 종합순위 5위에 올랐고, 남자축구에선 3~4위 결정전에서 일본을 꺾고 동메달을 획득하는 등 금메달 순위에서 일본을 월등히 앞선 결과는 우리에게 엘리트스포츠에 관한 한 일본보다 우위에 있다는 뿌듯함을 안겨주었다.

그런데 올림픽 등 스포츠 국제대회에서 우리나라가 일본

보다 성적이 낫다고 하여 과연 우리나라가 일본보다 스포츠 강국이라고 할 수 있을까? 먼저 스포츠강국의 판단기준을 무엇으로 삼아야 타당한 것인지 논의가 되어야 하겠지만, 엘리트스포츠에 대한 사회의 관심과 격려 측면에서 본 진정한 스포츠강국의 순위는 올림픽 금메달 순위와 같진 않을 것이다. 그런 면에서 볼 때 우리가 일본보다 앞선 스포츠강국이라고 할 수 있을지는 의문이다.

2014년 12월에 일본 오사카시에 간 일이 있었다. 일본 미식축구협회 초청으로 오사카 '고시엔 야구장'에서 열린 대학 미식축구대회 결승전(고시엔볼)을 참관하러 간 것이다. 하늘은 맑았지만 바람이 불고 기온이 낮은 제법 쌀쌀한 날씨였다. 우메다역에서 고시엔 야구장 인근에 있는 고시엔역으로 가는 전철을 탔는데, 전철 안에는 많은 일본 사람들이 있었다. 고시엔역에서 내리는데 그 많은 사람들도 내리는 것을 보고 속으로 설마 이 사람들이 미식축구 경기를 보러 가는 것은 아니겠지 생각을 했다. 그러나 그 많은 사람들이 나와 같이 고시엔 야구장으로 발걸음을 재촉하는 것이 아니던가? 고시엔 야구장 주변엔 이미 수 많은 사람들로 붐볐다.

관계자의 안내를 받아 경기장 안으로 들어서는 순간 깜짝 놀랐다. 결승전에서 맞붙는 일본대와 관서대의 응원단과 치어리더들이 경기장 관중석 양쪽에서 열띤 응원전을 펼치고 있었고 가족단위의 관중들이 관중석을 거의 다 채우고 있었다. 순수 아마추어 대회에 2만5천여 명이 넘는 관중이 들어찬 사실도 놀라웠지만 이 경기가 입장료를 지불하여야 하는 유료경기라는 사실을 알고서는 더 큰 충격을 받았다.

우리의 사정은 어떤가? 몇 프로스포츠 종목을 제외하고 거의 모든 아마스포츠경기는 관중 숫자를 정확하게 셀 수 있는 정도로 관전하는 관중은 극히 적다. 무료경기임에도 불구하고 관중의 대부분은 선수의 친인척 등이고 일반 관중은 거의 없다고 볼 정도인 경우가 다반사다. 이처럼 국내 아마스포츠 경기에 대한 우리의 '관맹률(觀盲率)'이 극히 저조한 이유는 무엇일까? 경기를 관람할 필요를 느끼지 못할 정도로 경기가 재미가 없는 것일까? 아니면 퀄리티 높은 경기만을 찾는 우리의 높은 안목 때문일까?

우리의 그러한 국내 비인기 아마스포츠경기에 대한 무관심속에서는 제2의 김연아, 박태환을 길러 내기는 어렵고 제2의 김연아, 박태환이 태어나기만을 기다려야만 한다. 피겨의 예를 들면 일본에서는 '아사다 마오'를 이을 차세대 유망주들이 대기하고 있고, 그 유망주들이 국제대회에서 쑥쑥 성장하고 있는 반면에 우리에겐 제2의 김연아가 보이지 않는 것이 현실이다.

2
박근혜 통일 대박론, 남북스포츠 통합에도 적용되기 위해서는

2020년 겨울, 드디어 한민족 역사에 한 획을 긋는 변혁이 일어났다. 2019년부터 일기 시작한 북한 내부의 정치·사회적 격변 속에 마침내 북한 정부가 전격적으로 남북한 통일을 선언하고 조건없는 남북한 체제의 통합과 단일국가 구성을 제안한다. 이와 함께 휴전선 철거를 단행하고 북한 주민의 남쪽으로의 자유로운 이동을 보장한다. 수많은 북한 주민이 휴전선을 넘어 남쪽으로 내려온다. 우리 정부는 끊임없이 내려오는 북한 주민의 안전과 관리를 위해 임시 수용시설을 운영한다. 북한 정부의 주민과 군대에 대한 통제가 사실상 무너졌다. 사실상 무정부 상태이다. 우리 정부는 북한 정부의 요청으로 북한 지역의 치안, 군사시설 및 문화재 등의 관리를 위해 경찰과 군대를 파견한다.

가상의 남북한 통일 상황이다. 남북한 통일이 언제, 어떤 계기로 이루어질지, 어떤 방식과 과정을 거쳐 통일국가가 구성될지는 누구도 확신하지 못할 것이다. 또한 남북한 통일이 남북한 주민의 의식과 생활에 어떠한 변화를 가져다 줄 지도 아직 잘 모른다. 60여 년 넘는 기간 동안 남북한의 정치·군사적 갈등과 대립은 남북한 주민의 정신적·물질적 문화 사이의 이질감을 키웠기 때문이다. 그러나 남북한 통일의 당위성은 진리이고 결과적 측면에서 남북한 통일국가는 한민족에게는 새로운 '민족중흥'의 터전이 될 것이다.

박근혜 대통령은 2014년 1월의 신년 기자회견과 스위스 다보스포럼에서 남북한 통일의 당위성과 관련하여 이른바 '통일 대박'을 말씀하셨다. 신년 기자회견에서 '남북한 통일은 대박'이라고 말씀하시여 남북한 통일의 중요성을 환기시키고 다보스포럼에서는 "통일은 대한민국에만 대박이 아니라 동북아 주변국 모두에게 대박이 될 수 있다."라고 동북아시아 차원의 '통일 대박론'을 설파하셨다.

이러한 박근혜 대통령의 '통일 대박론'에 대하여 일부에서는 통일을 이루기 위한 구체적 방안과 과정은 생략되었다며 결과론적인 정치적 수사에 불구하다고 평가절하하기도 한다.

그러나 지난 역대 정부에 비해 통일정책과 관련하여 구체적인 방안을 제시한 적이 없다는 비판에도 불구하고 박근혜 대통령의 '통일 대박론'은 정부 각 부처와 미디어의 통일에 대한 관심을 불러 일으켰다. 또한 남북한 통일의 경제적 효과에 대한 고찰과 남북한 통일을 정치·사회적으로 대비하기 위해 어떠한 방안을 마련해야 하는지에 대한 고민의 단초를 제공하였다는 점에서는 의미가 적지 않다고 본다.

남북한 통일이 남북한 스포츠체제의 통합에 어떠한 영향을 미칠까?

이러한 '통일 대박론'과 관련하여 과연 남북한 통일이 남북한 스포츠체제의 통합에 어떠한 영향을 미칠지 자못 궁금하다. 남북한 통일에 따른 남북한 스포츠체제의 통합이 과연 엘리트스포츠의 국제경쟁력에 플러스가 될까? 아니면 마이너스가 될까? 통일 과정에서 이질적인 엘리트스포츠 체제하에서 운영되어진 협회·연맹 등 스포츠단체의 통합은 어떻게 이루어질까? 어떠한 방식으로 이루어지는 것이 발전적일까? 교육과 훈련방식이 다른 남북한 선수들과 지도자 사이의 융

합을 이루기 위해서는 어떠한 과정을 거쳐야 할까? 한편 남북한이 통일되는 방식, 즉 북한이 남한으로 편입될 것인지, 아니면 합병하여 새로운 국가를 창설하는 형태가 될지에 따라서 국제올림픽위원회(IOC) 등 국제스포츠 거버넌스와 관련한 문제들이 발생할 것이다.

이와 관련하여 우리는 이미 서독과 동독이 통일되는 과정에서 통일독일이 서독과 동독의 스포츠체제 통합에 어떠한 영향을 미쳤고, 어떠한 결과를 가져다 주었는지 목격하였다. 그리고 독일 스포츠체제 통합 과정에서 어떠한 문제가 제기되었고 이러한 문제를 해결하기 위해 어떠한 방안들이 시도되었는지도 전해 들었다.

발전적인 남북한 스포츠체제 통합 플랜이 마련되어야

통일 전까지 국제 스포츠대회, 특히 올림픽대회 성적에서 동독은 서독에 훨씬 앞선 나라였다. 1968년 멕시코올림픽까지 동독과 서독은 단일팀을 구성하였는데 1972년 뮌헨올림픽부터 서독과 동독은 따로 대표팀을 구성하여 출전하였다. 금메달 기준 순위 동독은 3위, 서독은 4위. 1976년 몬트리올

올림픽에서 동독은 미국을 제치고 구 소련에 이어 2위를 차지하기도 하였고, 통일 전인 1988년 서울올림픽에서도 동독은 구 소련에 이어 2위를 차지하였다. 이렇듯 분단시대에서는 동독이 서독에 앞선 스포츠강국이었다. 여기에는 정부의 철저한 중앙집권식 선수 육성시스템과 도핑 등 성적지상주의 정책에 기인한 탓도 있을 것이다.

그런데 독일이 통일되는 과정에서 엘리트스포츠 분야에서도 스포츠체제의 통합에 관한 논의가 이루어졌지만 독일의 통일 협정서에 스포츠와 관련된 사항이 1쪽 정도에 그친 것이 대변하듯이 스포츠체제의 통합은 소외되었고, 통일 후 몇 년 동안 동독 출신의 선수와 지도자들이 도핑 등의 이슈로 인하여 퇴출당하고 선수 및 지도자들 사이의 갈등이 빚어지는 등 스포츠체제의 통합이 제대로 이루어지지 않았다. 그 탓인지 통일 이후 1992년 바르셀로나올림픽부터 지금까지 올림픽에서의 경쟁력은 통일 이전 서독의 수준보다도 떨어졌다.

우리도 이러한 통일독일의 스포츠체제 통합의 부정적인 과정을 밟지 않고, 발전적이고 실질적인 남북한 스포츠체제의 통합을 이루기 위해서는 만반의 준비를 하여야 할 것이다. 알기로는 정부 및 스포츠계는 남북한 스포츠체제의 통일을 대비한 마스터플랜을 아직 마련하지 않은 것 같다. 앞의 가상 상황처럼 2018년 평창동계올림픽을 앞두고 갑작스런 남북한 통일이 이루어지면 과연 어떤 일들이 벌어질까?

3

헬싱키가 1938년 지은 올림픽경기장을 허물지 않는 이유는?

1952년 헬싱키 하계올림픽의 주경기장으로 사용됐던 '헬싱키 올림픽경기장'은 핀란드의 수도 헬싱키를 상징하는 랜드마크의 하나이다. 1920년대부터 핀란드가 꿈꿨던 올림픽 개최를 실현시키기 위한 방안의 하나로 1934년 2월 착공한 헬싱키 올림픽경기장 건설은 1938년 6월 완공됐다. 당초 헬싱키는 1940년 하계올림픽을 개최할 예정이었나 제2차 세계대전으로 개최가 취소됐고 1952년 8월 하계올림픽을 개최하게 됐다. 당시 헬싱키 올림픽경기장은 수용규모가 7만명에 이르고 세계에서 가장 아름다운 경기장의 하나로 평가받았다. 올림픽 이후에는 국내·국제 스포츠 이벤트와 다양한 문화 행사가 열리는 공간으로, 핀란드인의 만남의 장소로 사용됐고 핀란드 국민으로부터 주변의 실내체육관과 함께 핀란드

스포츠를 상징하는 경기장으로 사랑받았다.

세월에 장사 없다는 말은 건물에도 해당된다. 그동안 헬싱키 올림픽경기장에 대한 여러 번의 개보수가 있었다. 최근 가장 큰 현대화 작업은 1990년부터 1994년까지 이뤄졌다. 1983년에 이어서 2005년 세계육상선수권대회가 열리기도 했던 헬싱키 올림픽경기장은 지금은 좌석수가 3만9천 석으로 줄었다. 80년 가까이 각종 스포츠이벤트와 문화 행사의 공간으로 핀란드인의 사랑을 받아온 헬싱키 올림픽경기장이 또다시 대규모 개보수 작업 중이다. 2016년부터 시작한 현대화 작업은 2019년에 마쳐질 예정이다. 외관은 거의 그대로 살리고 시민이 최대한 편리하게 이용할 수 있고 다양한 행사가 치러지는데 부족함이 없는 내부 시설 '리노베이션'이 주라고 한다. 원래 마라톤 선수에게 바닷가의 등대와 같은 역할을 하라는 뜻에서 만든 72m의 타워도 헬싱키 시내를 조망할 수 있는 랜드마크로 활용하기 위해서 그대로 둔다고 한다.

2015년 기준 1인당 국내총생산(GDP)이 5만 달러가 넘는 핀란드의 헬싱키가 80년 가까이 오래됐고 낡은 헬싱키 올림픽경기장을 허물지 않고 외관은 살리는 현대화 작업을 하는 이유는 무얼까? 경기장을 새로이 지을 경제적 형편이 안돼서

일까? 핀란드는 개발보다는 환경 또는 유산보존이라는 가치를 더 우선시해서일까? 헬싱키 올림픽경기장 인터넷 사이트는 리노베이션에 관한 안내 페이지에서 리노베이션 완료 이후의 멋진 모습과 함께 1952년 하계올림픽 등 크고 작은 국제 스포츠이벤트를 개최했던 역사를 소개하면서 미래의 세대에게 헬싱키 올림픽경기장에 대한 현 세대의 열정과 그 경험을 전달하고 싶다는 소망을 적고 있다.

개발논리로 경기장을 짓고 부수기 좋아하는 우리로선 이해하기 어려워

40년도 안 된 지금도 사용하는데 아무런 문제가 없는 잠실야구장을 구체적 재원 마련도 없이 '개발논리'로 허물고 다시 짓겠다고 하는, 과연 올림픽 유산으로 몇 십년 후에도 그 가치와 효용성을 인정받을 수 있는지에 대한 고민없이 체면, 과시, 명분 때문에 올림픽 개폐막식에만 사용할 스타디움을 우선 짓고 보자는 마인드로는 헬싱키의 그런 행보를 이해하기 어려울지 모르겠다. 보는 시각에 따라선 다를 수 있겠지만 축구와 야구 경기를 본 국민의 눈물과 땀이 스며들고 선수들의 숨소리가 깃든 동대문야구장과 동대문축구장을 낡은 쓸모없는 시멘트 덩어리로 생각하고 흔적을 찾을 수 없게 부숴버린 논리로는 그들의 마음을 읽기 어려울 것이다.

수십 년 후에도 헬싱키 하계올림픽경기장은 경기장을 방문한 핀란드 국민과 외국인, 특히 핀란드 어린이들에게 1952년 헬싱키 하계올림픽에 대한 핀란드 국민의 열정과 그 경험을 줄 것이다. 올해 헬싱키를 방문했으나 리노베이션 공사 중이라 입장하지 못한 필자도 리노베이션 완공 후 찾아 가 그들의 열정과 경험을 느껴 보고 싶다. 수년 후 잠실야구장과 평창올림픽 개폐막식장의 운명은 어떻게 될까?

4
프로스포츠는 '공공재'일까?

2015년 10월경 수원월드컵경기장 안의 광고영업권 논란으로 경기장 관리운영 주체인 (재)경기도수원월드컵경기장관리재단(이하 '재단')과 경기장을 사용하고 있는 수원삼성 프로축구단(이하 '수원삼성') 사이에 갈등이 불거진 적이 있었다. 수원삼성 팬들과 프로축구계는 홈 경기장의 광고는 홈팀의 고유권리라고 주장하면서 재단이 '갑질'을 하고 있다며 재단을 비난했다. 수원삼성은 "최악의 경우 수원월드컵경기장을 포기하고 수원종합운동장으로 홈경기장을 옮길 수도 있다."고도 했다.

당시 수원월드컵경기장의 광고운영을 보면 재단이 2층이상 난간 광고와 경기장 외곽 광고를 운영하고 있었고, 수원삼성이 그라운드 LED 및 A보드 광고를 운영하고 있었다. 재단이 2층 이상 난간 광고를 확대하는 광고활동으로 수원삼성의 광고영업에 지장을 줄 수 있다는 점과 관련한 양측의 이해관계 대립이 사안의 본질이었다. 재단이 수원월드컵경기장의 주인(?)이고 수원삼성은 이를 사용하는 지위에 있다는 사실과 경기장내 광고권의 분배는 양측의 합의에 따르는 것이 원칙이라는 점을 보면, 재단이 '갑질'을 하고 있다고 무조건 비난하긴 무리였다. 수원삼성 또는 축구팬으로서는 섭섭하게 들리겠지만, 재단과 수원삼성 사이의 주장이 엇갈리는 점도 있고 계약상 분쟁의 사정도 보이는 점을 고려하면 어느 쪽을 일방적으로 편들기 어려운 것도 사실이다.

재단과 수원삼성 사이의 갈등에서 프로축구계 일부 인사들이 수원삼성의 편을 들면서 그 근거의 하나로 프로축구는 '공공재'(公共財)라고 하였다. 프로스포츠와 경기장을 공공재라고 한 주장은 그동안 프로축구 뿐 아니라 프로야구 등 프로스포츠계에서 줄곧 있어왔다. 프로스포츠, 특히 경기장에 대한 개선 및 운영에 대한 지방정부의 적극적 지원과 양보를 요구하면서 그 근거의 하나로 공공재론을 펼쳤던 것이다. 과연 공공재 주장은 타당한 것일까?

먼저 '공공재'의 의미에 대해서 알아보자. 사전적인 의미를 보면 공공재(public goods)는 어떤 경제주체에 의해서 생산이 이루어지면 구성원 모두가 함께 소비할 수 있는 재화나 서비스를 말한다. 경제학에서는 이러한 개념의 공공재 특성으로 한 사람이 소비한다고 해서 다른 사람이 소비할 수 있는 기회가 줄어들지 않는다는 의미의 '비경합성'과 대가를 치르지 않는 사람도 소비에서 배제할 수 없다는 의미의 '비배제성'을 든다. 이러한 공공재의 대표적인 것이 국방서비스, 치안서비스, 도로·철도·항만 등의 교통서비스이다. 국방과 치안서비스를 제외하고는 주로 중앙정부와 지방정부가 공기업을 설립해 공공재의 생산·관리를 대행시키고 있다.

경제학적 측면에선 프로스포츠는 공공재가 될 순 없다

프로스포츠가 생산하는 '리그'라는 제품은 소비(관람과 시청)라는 측면에서 위에서 말한 '비경합성'과 '비배제성'을 갖고 있지 못하다. 프로스포츠 경기는 사경제 주체인 프로스포츠 단체, 구단, 선수단·스태프 사이의 계약에 의하여 형성되고 그들의 자유의사에 의해 소멸될 수도 있으므로 생산이라는 측면에서도 공공재의 특성을 갖고 있지 못하다. 그렇다면 프로스포츠 경기와 프로스포츠 경기가 열리는 장소인 경기장은 경제학적인 관점에서 보면 '공공재'가 아님은 분명하다.

아마 프로스포츠계에서 말한 공공재는 소비자인 국민(정확히 말하면 관중이나 시청자이겠다)에게 여가 활동 제공이라는 문화 서비스를 제공한다는 점에서 사회 공익·공헌적 기능을 한다는 의미일 것이다. 월드컵·WBC 등 국제대회를 통해 국민들의 애국심을 고취시키고 단합을 이끌어내는 역할을 한다는 점에서도 그런 의미를 찾을 수 있겠다. 그렇다면 프로스포츠계가 말하는 공공재는 경제학적 개념이 아닌 사회·문화적 개념으로 보아야 할 것이다(사회학적으로 공공재라는 개념이 있는지는 모르겠다).

국민에게 여가와 관람 서비스를 제공한다는 사회 공익·공헌적 기능과 역할을 한다고 해서 사회·문화적 측면에서 프로스포츠를 '공공재'라고 볼 수 있을까? 그렇다면 '경마', '경륜·경정'이라는 스포츠도박(사행) 사업과 그 경기장(본장과 장외 발매소)도 우리는 '공공재'라고 봐야 할 것이다. 경기장을 찾는 국민들에게 여가 활동이라는 문화 서비스를 제공하고, 배당금을 탈 수 있는 기회도 제공하고, 그 사업의 수익금 일부가 기금으로 조성되어 사회에 환원된다. 소비자 숫자를 보더라도 그렇다. 경마 사업만 보더라도 한 해에 경기장을 찾는 입장객(이용객) 숫자가 1,500만 명을 넘는다(사행산업통합감독위원회 자료에 의하면 2014년 입장객이 1,529만 명이다). 프로야구 한 해 관중

숫자의 2배가 넘는다. 위와 같음에도 우리는 '경마', '경륜 · 경정'사업과 경기장을 '공공재'라고 부르는 것이 부담스럽다. 화상경마장 도심 설치 문제를 보면 더욱 그렇다.

사회·문화적 측면의 공공재가 되려면 그에 상응한 반사회적 행태의 근절이 있어야

우리 프로스포츠가 생산하고 제공하는 재화와 서비스는 어떨까? 소비자인 국민들에게 감동과 오락이라는 '공익적' 서비스를 제공하고 있음을 부인할 순 없지만 다른 한편으로는 실망과 허탈이라는 '공해적' 서비스를 제공하고 있음도 부인할 수 없다. 일부 선수들의 경우이지만 거액의 해외 원정 도박이나 불법 도박, 심지어 승부조작 사건은 프로스포츠의 반도덕 · 반사회적 행태를 보여준다. 일부 선수들의 사생활 논란도 불필요한 사회적 공분을 자아낸다. 구체적으로 얘기하지 않겠지만 프로스포츠 단체와 일부 구단들이 보여준 사회 인권의식에 부합하지 못하거나 조직이기주의로 비쳐질 수 있는 행태도 그렇다.

프로스포츠가 ‘공공재(公共財)’인지 ‘사유재’(私有財)인지 이론적으로 밝히는 것은 사회적 측면에서 쓸모가 거의 없다고 본다. 공공재라고 본다면 오히려 프로스포츠에게 불리하게 작용할 규제적 근거가 될 수도 있다. 프로스포츠 발전의 관건에 있어서 가장 중요한 것은 소비자인 국민들로부터 애정어린 시선을 모으는 것이다. 프로스포츠계의 공공재 주장이 공염불이 되지 않기를 바란다.

5
스포츠에이전트, 열정만으로 안 돼!

과거에는 우리로선 생각도 못했던 스포츠종목의 두 번 올림픽에서 금메달과 은메달을 획득하고 대한민국을 대표했던 스포츠선수의 에이전트로 일을 한 적이 있었다. 선수의 재능과 잠재적 스타성을 믿고 그 선수가 중학교 3학년인 때에 제가 먼저 찾아가 에이전트를 자청했었고 선수의 해외 훈련 등에 드는 비용을 마련하기 위해 후원기업을 찾았었다. 나름 선수의 스타가능성과 미디어 노출에 관한 데이터를 만들어 대기업 홍보부서 담당자뿐 아니라 회장님에게 전화나 이메일을 통해 후원을 요청하고 심지어는 직접 찾아간 적도 있었다. 그런데 이른바 비인기종목의 유망주 선수과 후원기업을 유치하는 것이 정말 어려운 일이었다. 그 때 깨달은 점이 있었다. "세상 일이 열정만으로는 안 된다."

전부터 스포츠에 관심있는 젊은이들에게 선망의 직종 내

지 직업의 하나로서 알려지기도 했지만 스포츠선수와 관련한 비즈니스의 규모도 커지면서 직업으로서의 가능성도 커지고 있다. 필자에게 이메일이나 전화를 통해 스포츠에이전트에 대해 자문을 구하려는 젊은 사람도 적지 않다. 요즘 정부가 스포츠산업 진흥책의 일환으로 '스포츠에이전트' 제도 활성화를 목표로 그에 관한 시책을 마련하다는 소식이 알려지면서 언론에 스포츠에이전트에 관한 기사나 보도가 늘어나고 있다. 스포츠에이전트를 설명하는 기사도 있고, 해외의 유명 스포츠에이전트를 소개하는 기사도 있다. 스포츠에이전트의 '장밋빛' 미래를 보여주는 기사도 보인다.

스포츠에이전트로 성공하려면? …
열정과 노력만으로는 안 되는 현실

그런데 필자는 스포츠에이전트의 화려한 모습을 비춰주는 것도 좋지만 스포츠에이전트가 직업적으로, 산업적으로 제대로 발전하려면 스포츠에이전트와 관련한 제도적 · 문화적 측면의 문제를 고민하고 이를 해소할 수 있는 과제를 아는 것도 필요하다고 생각한다. 스포츠선수에 관한 산업이 커진다고 하더라도 그러한 제도적·문화적 문제를 해소하지 않으면 스포츠에이전트 산업도 왜곡되고 불공정한 시장이 될 수 있고 이로 인해 스포츠에이전트에 도전하는 젊은이들에게 스포츠에이전트가 열정만으로는 안 된다는 사실을 알려 줄 수 있기 때문이다.

스포츠에이전트가 하나의 직업으로, 관련 시장이 하나의 산업으로 발전하려면 우선 그를 뒷받침하는 법제도적 환경이 조성되어야 한다. 축구는 국제축구연맹(FIFA)의 통일적 규정하에 국내에서도 에이전트 제도(축구는 기존의 에이전트 제도를 폐지하고 지난 해 '중개인'제도를 도입하였으나 본질은 같다)를 시행하고 있지만, 농구, 배구, 야구의 경우에는 외국인선수와 관련하여서는 외국인선수 에이전트 제도를 시행하고 있지만 국내선수와 관련하여서는 제도를 시행하지 않거나 구체적인 내용을 마련하지 않고 있다.

문제는 국가법령으로 스포츠에이전트 제도의 근거를 두어 스포츠에이전트 제도의 활성화를 도모한다고 하더라도 국제룰과의 충돌 및 프로스포츠의 자율성 문제로 인해 그 규율의 범위를 어디까지 할 것인지가 쉽지 않은 문제이다. 미국도 연방법으로 스포츠에이전트에 관한 법을 마련하여 에이전트

계약의 규제, 선수 측과 에이전트의 권리의무 관계 등을 규율하고 있지만 아마스포츠에 대해서 적용하고 있고 프로스포츠는 자율적으로 에이전트 제도를 운영하는 이유 중의 하나도 그러한 것에 기인한다. 유럽에서도 스포츠에이전트 자격의 부여 및 관리 등을 규율하는 국가법령을 마련한 국가가 헝가리, 포르투칼 등 몇 나라에 불과하다. 에이전트 계약체결에 있어서의 당사자의 계약철회권 인정여부, 에이전트 등록 및 관리의 주체, 에이전트 자격의 조건, 에이전트의 권리와 의무, 선수 측의 권리와 의무, 에이전트 계약의 파기시 책임 문제, 에이전트 수수료의 산정 및 규제 등 구체적인 운영방안을 마련하는데 있어서 고민해야 할 사항이 적지 않다.

선수 측의 정당한 이유없는 에이전트계약의 일방 파기 … 고용관계가 아닌 파트너 관계가 돼야

우리의 스포츠에이전트를 둘러싼 불안정한 계약구조라는 현실적인 문제도 있다. 이른바 선수가 뜨고 나면 함께 했던 에이전트와 뭔가 개운치 않게 이별을 하게 되거나 선수의 친인척이 직접 에이전트를 하게 되는 경우가 적지 않다. 선수와 에이전트의 관계가 계약관계라는 점에서 선수는 자유의사로 기존 에이전트와 관계가 끝나면 다른 에이전트와 관계를 맺을 수 있고, 선수의 친인척이 에이전트를 맡는 것을 마냥 나쁘다고 말할 순 없다. 그런데 적지 않은 광고 계약을 하고 후원기업을 유치할 스타선수가 손에 꼽을 정도인 국내 현실에서 에이전트에게 돌아갈 수수료가 아까워서 또는 내부자거래의 필요성 때문에 스타선수가 정당한 이유없이 에이전트 계약을 파기하고 이로 인해 선수 측과 에이전트가 소송분쟁을 하는 경우가 계속 발생하면 선수와 에이전트의 관계는 불안정해진다. 선수의 친인척이 에이전트를 맡게 되는 경우가 계속된다면 선수를 두고 에이전트 간의 경쟁도 혼탁해질 수 있다. 선수에 대한 영향력이 있는 감독 등 지도자나 구단이 선수가 에이전트를 선임하는데 있어서 개입하거나 특정 에이전트 선임을 강요하는 문제도 생각해 봐야 한다.

구단과 선수 측이 에이전트를 바라보는 시선과 대하는 태도도 중요하다. 에이전트 입장에선 '돈' 되는 선수는 별로 없기 때문에 선수를 얻기 위한 경쟁은 치열하다. 그러한 시장구조 때문에 '돈' 되는 선수 측은 '甲'이 될 수밖에 없고 에이전트는 '乙'이 될 수밖에 없다. 파트너관계가 아닌 고용관계로 변질된다. 선수 측의 자질구레한 개인적 일을 에이전트가 하기도 한다. 모든 에이전트의 경우는 아니지만 연봉체결에서의 수수료는 받지 않기로 에이전트 계약을 체결하기도 한다. 에이전트가 선수 측을 대변하는 것이 아니라 구단의 '오더'를 받거나 구단의 입장에 서는 경우도 있다. 그러한 경우에는 에이전트가 구단에 고개를 숙여야 하는 이유다.

선진 외국의 유명 스포츠선수가 에이전트로 자신의 친인척을 두는 경우가 거의 없는 것과 에이전트 계약관계가 나름 보장되는 것이 스포츠에이전트 산업을 발전시킨 이유의 하나로 볼 수 있지 않을까? 스포츠선수 비즈니스 시장의 규모가 미국 등 선진 외국에 비해 훨씬 적은 우리 시장에서 스포츠 에이전트가 되고자 하는 젊은이에게 열정과 노력만을 요구해서는 안 되는 이유이기도 하다. 어느 에이전트가 몇 년 전에 필자에게 한 말이 있다. 빨리 돈 벌어서 에이전트를 그만둬야겠다고 말이다.

6

스포츠에서의 도핑과 반(反)도핑의 악순환

1988년 서울하계올림픽 육상 남자 100미터 결승전에서 당시 세계신기록 9.79초를 세우며 우승하였으나 도핑테스트 결과 금지약물 복용(도핑, doping) 사실이 탄로나 금메달 박탈, 기록 삭제와 함께 세계 육상계에서 퇴출당하였던 '벤 존슨'(Ben Johnson, 캐나다). '세계에서 가장 빠른 인간'으로 칭송받다가 '세계에서 가장 빠른 사기꾼'으로 낙인 찍혔던 그가 2013년 9월 그 때 자신이 달렸던 그 자리, 잠실 올림픽주경기장 트랙에 다시 선 적이 있다. 외국 스포츠 의류 브랜드의 도핑방지 캠페인의 홍보대사로 활동하고 있는데 캠페인 행사의 일환으로 서울 올림픽주경기장을 찾아 자신의 잘못을 돌아보고 도핑방지 캠페인을 벌인 것이다.

벤 존슨의 인생을 나락으로 빠트린 도핑은 선수가 자신의 육체적 · 정신적 능력을 향상시키려는 목적 하에서 행해진다.

도핑의 역사는 스포츠의 그것만큼 오래 되었는데 고대 그리스·로마 시대 당시 경기에 출전했던 선수들은 동물의 뿔이나 고환분비물 같은 것을 먹었고 마차 경주대회에서는 말에게 흥분제를 먹였다고 한다. 근대에 들어서는 스포츠의 프로화·상업화가 심해지면서 선수들은 헤로인과 코카인을 니트로글리세린이라는 화학물질과 함께 복용하기 시작했다. 특히 19세기 말부터 많은 사이클 선수들은 이러한 약물을 복용하였다.

그런데 1960년대에 들어서 약물을 복용한 선수가 부작용으로 사망한 사건들이 발생하고 도핑이 선수의 건강·생명에 해를 끼친다는 의학적 보고들이 나오자 세계 스포츠계는 더 이상 스포츠에서의 도핑을 선수 개인의 윤리적 차원 문제로만 볼 수 없어 법적 문제로 다루기 시작하였다. 1950년 의료위원회를 설립하여 당시 선수들이 애용(?)하였던 암페타민의 의학적 효과를 조사하였던 국제올림픽위원회(IOC)도 올림픽에서 반도핑 정책을 도입하여 1968년 그르노블 동계올림픽에서 처음 도핑테스트를 도입하였다. 그러나 일부 국가와 선수들은 도핑의 달콤한 맛에 이끌려 계속 금지약물을 복용하였고 심지어 과거 동구권 국가들은 국가차원에서 선수들에게 지속적으로 약물을 복용시키기까지 하였다.

지금도 여전히 스포츠에서는 도핑이 공공연히 이루어지고 있는 것이 사실이다. 최근 해외 스포츠스타들의 도핑 파문이 세계 스포츠계의 이슈가 되고 있다. 며칠 전 미국프로야구(MLB)를 대표하는 뉴욕 양키스 소속의 '알렉스 로드리게스' 등 십여 명의 선수들이 도핑 혐의로 MLB 사무국으로부터 경기 출전 금지 등 제재를 받았다. 그 이전에는 세계 최고 육상스타인 '베로니카 캠벨(자메이카)', '타이슨 게이(미국)', '아사파 파월(자메이카)'이 도핑 혐의로 세계육상연맹(IAAF)으로부터 출전 정지 징계를 받았다. 최근에는 러시아, 케냐 육상 선수들의 도핑 적발과 관련하여 국가기관의 조직적 개입 내지 관여가 드러나기도 하였다.

우리나라는 도핑 문제에 있어서 청정(清淨)할까? 불행하게도 아니다. 1990년대 초반 아시아에서는 적수가 없었고 세계적으로도 정상권에 있어 올림픽에서 메달까지 기대했던 우리나라 육상 중거리 남자선수가 있었는데 전성기때 도핑 혐의로 수 년간 선수자격 정지를 받은 일은 뼈아픈 일이었다. 프로스포츠에서 약물복용 사실이 드러난 선수들도 있었다. 한국도핑방지위원회 자료에 따르면 도핑 사실로 제재를 받은 선수의 숫자가 2008년 13명, 2009년 17명, 2010년 36명으로 점점 늘어나는 추세이다. 지금은 아마스포츠 뿐만 아니라 모든 프로스포츠에서도 도핑테스트를 도입하였고 지금까지 프로스포츠에서 양성반응을 보인 국내 선수의 숫자가 손을 꼽을 정도인 것으로 알려 졌지만 과연 그러한 결과가 우리 프로스포츠에서의 '도핑 제로(zero)'를 보증할지는 의문이다. 해외에서는 이미 반도핑 정책을 비웃기라도 하듯이 도핑 전문가들이 줄곧 한발 앞선 도핑 약물을 개발하여 왔고 도핑테스트에서도 양성반응이 나타나지 않게 하는 도핑 기술·방법들이 선수들에게 전달되고 있다.

스포츠에서의 도핑은 인위적으로 약물의 힘으로 경쟁의 조건을 변경하므로 스포츠의 순수성·공정성을 훼손한다. 또한 도핑은 선수의 건강·생명에 위험을 가져온다. 스포츠선수는 대중의 관심을 받는 존재이고 특히 청소년에게는 이른바 역할모델로 청소년들은 그들의 행동을 흉내내려고 하기 때문에 도핑을 금지시켜야 할 필요성이 있다.

그런데 근대 이후 스포츠는 자본주의 사회의 문화의 하나가 되었고 스포츠가 소비문화로서 자본과 결합하여 선수들에게 스포츠의 순수 이데올로기를 더 이상 요구하지 못하는 시대가 되었다. 근대 스포츠의 아마추어리즘과 신체관(身體觀)이

무너진 것이다. 우리가 스포츠에서 승리를 원하고 결과를 중시하는 한 도핑과 반도핑의 싸움은 계속될 것이다. 그리고 반도핑에 대한 명확한 근거 및 이유를 선수들에게 제시 또는 설득하지 못하는 한 도핑은 계속될 것이다. 스포츠계에 던져진 쉽지 않은 문제이다.

7
일찍 핀 꽃(선수)이 먼저 시든다?

'제2의 안현수'로 불리며 한국 남자 쇼트트랙 국가대표로 활약했던 노진규 선수가 2014년 1월 골육종에 의한 악성종양 진단을 받은 이후 암 투병 중 지난 4월 3일 향년 24세의 나이로 세상을 떠났다. 노진규 선수가 2013년 11월 국제빙상경기연맹(ISU) 쇼트트랙 월드컵 4차대회 즈음에 그의 왼쪽 어깨가 붓고 병원 검진 결과 양성종양 판정을 받았음에도 진통제를 먹어가며 고통을 참고 경기에 출전했던 모습을 떠올리면 우리는 그의 죽음에 애도만을 표할 순 없다.

우리는 각종 국제경기대회에서 노진규 선수의 경우와 같이 경기에 출전할 수 있는 정상적인 몸 상태가 아님에도 경기에 나서는 우리 선수들의 모습을 적지 않게 보아왔다. 우리는 '부상투혼', '애국심' 등의 미사여구로 그들을 '칭송'한다. 우리가 그들의 출전을 강요한 꼴이나 마찬가지다. 그러한 출전 강요가 어디 국제대회뿐인가. 국내대회에서도 우리 선수들은 어릴 적부터 신체적·심리적 사정상 출전이 어려운 경우에도 출전을 강요받거나 출전할 수밖에 없는 심리적 압박을 받는다.

대회 출전뿐 아니라 평상시 훈련에서도 그렇다. 학생선수 시절 대부분의 선수들은 수업에 참석하지 않고 훈련과 연습에 몰두한다. 주말에도 쉴 틈이 없다. 학기 중뿐 아니라 방학 중에도 전지훈련이나 대회에 참가한다. 과거에 비해 합숙훈련은 줄었다지만 훈련과 대회 출전 시간은 거의 그대로다. 그 결과인지 우리 선수들이 학생이나 청소년 시절에는 세계적 수준에 올라선다. 개인종목의 경우 주니어 세계기록에 근접하거나 세계정상권의 기량을 보이고 단체종목의 경우 국제경기대회에서 메달을 따는 경우가 적지 않다.

그런데 성인이 되어서 기대와 다르게 세계정상권에서 멀어지는 경우가 또한 적지 않다. 청소년 시절 우리 선수와 대등하거나 뒤쳐진 성적과 기록을 보인 외국 선수는 일취월장으로 실력이 발전하는데 우리 선수는 답보 내지 침체에 빠진 경우가 꽤 있다. 심지어 일찌감치 선수생활을 접는 경우도 있다. 일찍 핀 꽃이 먼저 시든 것이다. 우리 선수들을 먼저 시들게 하는 것은 소질이나 능력의 한계일 수도 있지만, 실제 고질적인 신체부상이나 심리적 동기의 소멸인 경우도 상당하다.

우리 학생선수들을 일찍 꽃 피게 하고 먼저 시들게 하는 원인은 바로 우리에게 있다. 어릴 때부터 일정 경기 성적을 내고 기록을 세워야 하는 제도적 환경과 그에 따른 지도자와 학부모의 조급증이다. 오로지 경기 성적과 기록만을 기준으로 한 체육특기자제도에 의해 학생선수로서 상급학교에 특례입학하기 위해선 청소년대표가 되거나 대회에서 상위권에 입상해야 한다. 다른 선수보다 무조건 더 훈련해야 하고 단체종목에선 팀을 위해 몸이 아파도 진통제를 먹고 출전해야 하는 이유다. 지도자와 학부모도 모른 체 하거나 말리지 않는다. 그러한 결과지상의 제도와 환경적 요인이 일찍 핀 꽃들을 일찍 시들게 하고 심지어 꽃망울에서 활짝 꽃을 피우지도 못하게 한다.

학생선수가 꽃으로 일찍 시들지 않도록 하거나 일찍 핀 꽃이 아니라 하더라도 소나무로 늦지만 오래도록 푸르게 하려면 학생선수 육성에 관련된 법제도를 개선해야 한다. "만물은 번성하면 반드시 쇠망하고, 일어남이 있으면 도로 무너짐이 있다. 속히 이루어지면 굳건하지 못하고 급하게 달리면 넘어지는 예가 많다. 만발하게 핀 동산의 꽃도 일찍 핀 것은 먼저 시들고, 더디게 자라는 산기슭의 소나무는 무성하고 늦도록 푸르다." 중국 송(宋)나라의 유자징(劉子澄)이 주희(朱熹)의 가르침을 받아 편찬한 아동용 교양서로 불리는 「소학」(小學)에 나오는 글이다.

장 달 영 변호사 · 칼럼니스트

주요 약력

- (현) 법무법인(유한) 에이펙스 파트너변호사
- (현) 뉴스토마토 경제신문 '장달영의 스포츠란' 칼럼 집필
- (현) 문화체육관광부 스포츠혁신위원회 위원
- (현) 문화체육관광부 규제개혁위원회 위원
- (전) 김연아, 박태환, 장미란 선수의 에이전트

대한민국 스포츠의 숨기고 싶은 이야기

1판 1쇄 인쇄 _ 2016년 7월 21일
1판 1쇄 발행 _ 2016년 7월 28일

저 자 _ 장 달 영
발 행 인 _ 신 창 동
발 행 처 _ fides 도서출판

등록번호 _ 제320-2001-44호

주 소 _ 서울 관악구 호암로 593(2층)
전 화 _ (02) 876-2246
팩 스 _ (02) 876-2237
E-mail _ fidesbook@naver.com
홈페이지 _ www.fidesbook.com

ISBN 978-89-6479-280-3 03690

정 가 14,000원

※ 저자와의 협의하에 인지 생략